Handbuch Bibliothekskatalogisierung

John Henry Quinn

Writat

Diese Ausgabe erschien im Jahr 2023

ISBN: 9789359253879

Herausgegeben von
Writat
E-Mail: info@writat.com

Nach unseren Informationen ist dieses Buch gemeinfrei.
Dieses Buch ist eine Reproduktion eines wichtigen historischen Werkes. Alpha Editions verwendet die beste Technologie, um historische Werke in der gleichen Weise zu reproduzieren, wie sie erstmals veröffentlicht wurden, um ihre ursprüngliche Natur zu bewahren. Alle sichtbaren Markierungen oder Zahlen wurden absichtlich belassen, um ihre wahre Form zu bewahren.

Inhalt

VORWORT .... - 1 -
KAPITEL I. EINFÜHRUNG. ....- 2 -
KAPITEL II. DER WÖRTERBUCHKATALOG. ....- 5 -
KAPITEL III. DER HAUPTEINTRAG. –
DER AUTORENEINTRAG, I. .... - 11 -
KAPITEL IV. DER HAUPTEINTRAG. –
DER AUTORENEINTRAG, 2. .... - 19 -
KAPITEL V. DER HAUPTEINTRAG –
DER AUTORENEINTRAG, 3. .... - 27 -
KAPITEL VI. DER HAUPTEINTRAG. –
DER AUTORENEINTRAG, 4. .... - 38 -
Kapitel VII. DER HAUPTEINTRAG. –
GESELLSCHAFTLICHE UND ANDERE FORMEN. –
HERAUSGEBER UND ÜBERSETZER. ....- 47 -
KAPITEL VIII. THEMA, TITEL UND
SERIENEINTRÄGE. .... - 55 -
KAPITEL IX. THEMA, TITEL UND SERIENEINTRÄGE
(*Fortsetzung*). .... - 65 -
KAPITEL X. TITELEINGABEN UND
WIEDERHOLUNGSSTRICHE. .... - 77 -
KAPITEL XI. INHALTE INDIZIEREN. ....- 83 -
KAPITEL XII. DER KLASSIFIZIERTE KATALOG. ....- 88 -
KAPITEL XIII. ALPHABETISIERUNG UND ANORDNUNG.
.... - 97 -
KAPITEL XIV. DRUCKEN. ....- 103 -
FUSSNOTEN ....- 110 -
ANHANG A. ....- 111 -
ANHANG B. ....- 115 -
ANHANG C. ....- 117 -

ANHANG D. ....- 127 -
ANHANG E. ....- 131 -

VORWORT

Dieses kleine Buch erhebt nicht den Anspruch, eine umfassende Abhandlung über die Kunst der Buchkatalogisierung zu sein, noch ist es für den Gebrauch durch Bibliographieexperten gedacht. Die darin enthaltenen Regeln sind diejenigen, die allgemein als notwendig für die ordnungsgemäße Katalogisierung einer Buchsammlung anerkannt sind. Durch einfache Illustrationen hat sich der Autor bemüht , mit den Schwierigkeiten umzugehen, die seiner Meinung nach am häufigsten auftreten und eine sorgfältige Betrachtung erfordern. Um das Buch vollständiger zu machen, wurden Informationen zum Druck von Katalogen hinzugefügt.

Wenn sich dieses Handbuch als Hilfe zum besseren Verständnis der wahren Katalogisierungsprinzipien erweisen sollte und sich als praktische Hilfe für diejenigen erweist, die mit der Bibliotheksarbeit beschäftigt sind, ist das Ziel seiner Zusammenstellung erreicht.

JHQ

März 1899.

KAPITEL I.
EINFÜHRUNG.

1. – Die meisten Menschen geben sich damit zufrieden, zu glauben, dass es keinen Bereich der Arbeit eines Bibliothekars gibt, der so leicht zu bewältigen ist wie der der Zusammenstellung von Katalogen. Der Katalog einer Bibliothek wird oft als bloße Liste von Büchern betrachtet, deren Erstellung nicht mehr geistige Anstrengung erfordert als die eines Möbelauktionators oder einer ähnlichen Handelsliste. Professor John Fiske sagt in seinem Aufsatz über „Die Arbeit eines Bibliothekars" [1]: „Im Allgemeinen geht man davon aus, dass ein Bibliothekskatalog etwas ist, das irgendwie auf einmal ‚gemacht' wird, so wie Aladdins Palast in regelmäßigen Abständen gebaut wurde." von zehn oder einem Dutzend Jahren oder immer dann, wenn ein „neuer Katalog" für notwendig erachtet wird", anstatt, wie er weiter zeigt, ein nie endendes Werk zu sein, das die Ausübung aller Macht und Kenntnisse erfordert, die ihm zur Verfügung stehen der Katalogisierer.

2. – Es gibt verschiedene Bibliothekskataloge, von einfachen Inventarverzeichnissen, die Privatpersonen für ihre eigene Buchsammlung erstellen, bis hin zum riesigen „Katalog gedruckter Bücher im British Museum", der in seiner Größe so groß und in seinem Fachgebiet so umfangreich ist sieht vor, dass die Einträge fast ausschließlich auf einen einzelnen Artikel pro Buch beschränkt sein müssen.

Die Kataloge, die nach den in diesem Werk dargelegten Grundsätzen zusammengestellt werden sollen, liegen zwischen diesen beiden Extremen und sollen als Schlüssel zum Schatzhaus des Wissens dienen und dessen Inhalt allen Forschern leicht zugänglich, aber geordnet offenlegen. Carlyle sagt: „Eine große Büchersammlung ohne einen guten Katalog ist ein Polyphem ohne Auge im Kopf."

3. – Eine gute Bibliothek ist ohne einen angemessenen und ordnungsgemäß zusammengestellten Katalog praktisch nutzlos, aber selbst eine gleichgültige Büchersammlung kann durch einen guten Katalog gute Dienste leisten. Um einen solchen Katalog zusammenzustellen, ist es notwendig, dass bestimmte Angaben zur Beschreibung der Bücher gemacht werden, aber so, dass die Einträge zwar dem mit Büchern vertrauten Menschen alle notwendigen Informationen bieten, sie aber gleichzeitig auch alle notwendigen Informationen liefern Der Charakter ist so einfach, dass er von jedem mit durchschnittlicher Intelligenz mit sehr wenig Aufwand verstanden werden kann. Gleichzeitig sollten die angegebenen Angaben so umfassend sein, dass ein Suchender im Katalog möglicherweise eine klare Vorstellung von der Art und dem Umfang des beschriebenen Buches erhalten kann, ohne es tatsächlich zu untersuchen, obwohl dies bei den Beschreibungen in dieser

Hinsicht nicht zu erwarten ist der sehr vollständigen Reihenfolge, die in Spezialbibliographien gesucht wird, die nur für Experten bestimmt sind.

Der Wert eines guten Katalogs hängt nicht mehr als bei einem guten Buch von seinem Umfang oder Umfang ab, sondern vielmehr von der Genauigkeit der Methode, mit der die bereitgestellten Informationen verarbeitet und konzentriert werden. Es gibt Bibliothekskataloge, die so aufwändig zusammengestellt sind, dass sie äußerst imposant aussehen und daher von denen, die die Kunst des Katalogisierens nicht verstehen, aber von den Personen, die sie verwenden müssen, sehr oft als die gelehrtesten Produkte angesehen werden Oft stellen sie fest, dass sie so schlecht arrangiert sind, dass sie kaum besser sind als ein Sammelsurium an Buchtiteln – pedantisch, ohne gelernt zu sein. „Unendlicher Reichtum auf kleinem Raum" könnte andererseits oft als Motto für so manchen belanglos wirkenden Katalog übernommen werden.

4. – Es kommt häufig vor, dass eine kleine Bibliothek einen ziemlich großen Katalog hat. Dies ist nicht immer auf den Wunsch zurückzuführen, das Beste aus der Bibliothek herauszuholen, sondern häufig auf die Tatsache, dass die Zusammenstellung von einem übereifrigen Mitglied eines Komitees durchgeführt wurde, das sich einbildete, dass er eine *Vorliebe* für solche Arbeiten hätte oder dass dies der Fall sei wurde von einem Amateur ohne Erfahrung zusammengestellt, dessen Freunde ihm die Anstellung als Bibliothekar gesichert haben. Solche Leute wissen nicht, dass es genauso einfach, wenn nicht sogar einfacher ist, eine Bibliothek zu überkatalogisieren, als es mit Bedacht zu tun, und dass oft eine schreckliche und wunderbare Arbeit das Ergebnis ist. Es würde nicht viel Mühe bereiten, anschauliche Beispiele dafür zu nennen, aber man kann den Katalog zitieren, in dem Greens „Short History of the English People" fünf Einträge hatte, nämlich unter Green, Short, History, English History und People (Englisch).), anstelle der zwei Einträge, die ausgereicht hätten. Viele der ersten Kataloge der kleineren freien Bibliotheken sind in dieser Größenordnung. Dies ist jedoch nicht immer das Ergebnis der oben genannten Ursachen, sondern oft auch darauf zurückzuführen, dass Ausschüsse neuer Bibliotheken die Ernennung eines Bibliothekars, um sein Gehalt zu sparen, auf einige Wochen vor der Bekanntgabe der Bibliothek verschieben geöffnet werden, und erwartet von ihm, dass er in der Zwischenzeit die Bücher kauft und einen gedruckten Katalog produziert. Viel zu oft geht man davon aus, dass Bücher in großen Mengen ausgewählt, geordnet und aufgelistet werden können, so wie Lebensmittel gekauft, ausgestellt und ausgestellt werden, und das in ebenso kurzer Zeit. Das Ergebnis ist natürlich, dass der Bibliothekar, der in Eile ist, die Bücher so schnell wie möglich auswählen und kaufen muss und die Aufgabe, sie zu katalogisieren, einem Assistenten überlassen muss, der höchstwahrscheinlich keine Ausbildung hat, und der Beste muss sein aus schlechter Arbeit gemacht. In sehr wenigen Fällen kann davon ausgegangen werden, dass der erste Katalog einer neuen Bibliothek die Fähigkeiten des Bibliothekars als Katalogisierer angemessen widerspiegelt.

5. - Mit dem raschen Anstieg des Bildungsniveaus wird heute in den Bibliotheken eine genauere und bessere Arbeit verlangt, als dies im ersten Vierteljahrhundert nach Inkrafttreten des Gesetzes über öffentliche Bibliotheken der Fall war. Die schlampige Faustregel der Katalogisierung, die einst in Mode war, bleibt heute wie damals nicht unbemerkt, und infolgedessen sind die kahlen Listen von Büchern, die nach keinem bestimmten Prinzip zusammengestellt und verschickt werden, weniger nützlich als je zuvor ein neugieriges Publikum zu verwirren und zu behindern, anstatt ihm zu helfen. Der Student und diese interessante Persönlichkeit, „der allgemeine Leser", erlangen von Jahr zu Jahr ein besseres Verständnis für die Verwendung und Besonderheiten von Büchern und suchen daher nach genaueren Informationen darüber. Es bedarf keines besseren Beweises für die Art und Weise, in der die Nachfrage nach Informationen über Bücher gewachsen ist, als der große Platz, den die Rezension dieser Bücher mittlerweile in den Kolumnen der Zeitungspresse einnimmt, so dass selbst kleinere Zeitschriften es sich nicht leisten können, ihn zu ignorieren. Das Sprichwort, dass ein Katalogisierer kein Recht habe, hinter die auf der Titelseite eines Buches enthaltenen Informationen zu blicken, findet heute nicht mehr so viel Akzeptanz wie in der Vergangenheit.

Wer auch nur über ein wenig Erfahrung auf diesem Gebiet verfügt, weiß, dass es unmöglich ist, einen Katalog auf zufällige Weise zusammenzustellen, und dass klare und eindeutige Regeln festgelegt werden müssen, bevor irgendein Teil der Arbeit in Angriff genommen wird, andernfalls Verwirrung und es wird an Proportionen mangeln. Glücklicherweise wurden in den letzten Jahren die Regeln für die ordnungsgemäße Zusammenstellung von Katalogen kodifiziert, insbesondere für die derzeit am häufigsten verwendete Form, die als „Wörterbuchkatalog" bekannt ist.

KAPITEL II.
DER WÖRTERBUCHKATALOG.

6. – Der Wörterbuchkatalog ist nicht die Idee oder Erfindung eines Einzelnen, sondern hat sich nach und nach aus den Anforderungen der Bibliothekare im Umgang mit Lesern entwickelt. Die früheren Kataloge beschränkten sich auf Einträge unter den Namen der Autoren, wie im British Museum Catalogue, oder waren in klassifizierter Form, entweder nach den großen Klassen, in die eine Bibliothek unterteilt war, oder mit sehr wenig anderer Unterteilung. Es folgten sogenannte „Wörterbuchverzeichniskataloge", die die ersten Prinzipien des Wörterbuchkatalogs, wie er heute verstanden wird, enthalten. Sie bestanden aus sehr kurzen Einträgen unter den Autoren und dem einfachen Umdrehen eines Titels, um ein bestimmtes Wort darin in den Vordergrund zu rücken und so das Thema zu vermitteln, und zwar auf folgende Weise :

England unter Victoria. Michelsen.

Englefield (Sir HC) Spaziergang durch Southampton.

Englische Antiquitäten. Eccleston. 1847.

Langeweile. Edgeworth.

Entomologie, Exotik. Drury. 1837.

Episoden des Insektenlebens. 1851.

Botengang in den Süden. Malet .

Auf diese Weise wurde das eigentliche Thema des Buches oft übersehen, insbesondere wenn der Autor einen Fantasietitel verwendet hatte und ein Thema unter vielen verschiedenen Einträgen zu finden war, je nach dem auf der Titelseite verwendeten Wort und ohne Querverweise, um sie miteinander zu verbinden. Es muss gestanden werden, dass viele der Wörterbuchkataloge öffentlicher Bibliotheken heute nicht mehr sind als dieser „Indexkatalog" unter dem neueren Namen. Die Einträge sind zwar etwas umfangreicher, die Prinzipien der Zusammenstellung bleiben aber gleich.

7. – Vor 1876 gab es kein vollständiges Regelwerk für die Erstellung eines Fach- und Autorenkatalogs, obwohl Prof. CC Jewetts „On the construction of Catalogues of Libraries" (Washington, 1853) mit seinen späteren Änderungen war ein Schritt in diese Richtung. Es gab Regeln für Autorenkataloge, die größtenteils auf den Regeln des British Museum basierten, sowie Klassifizierungsschemata für klassifizierte Kataloge. In diesem Jahr wurde der mittlerweile bekannte „Regeln für einen Wörterbuchkatalog" von Charles A. Cutter, Bibliothekar des Boston

Athenæum, veröffentlicht. Es erschien als zweiter Teil des „Sonderberichts über die öffentlichen Bibliotheken in den Vereinigten Staaten von Amerika", der unter der Schirmherrschaft des United States Bureau of Education herausgegeben wurde. Eine zweite Ausgabe dieser Regeln wurde 1889 separat herausgegeben. Die dritte Ausgabe mit weiteren Korrekturen und Ergänzungen erschien 1891 und wurde von der Regierung der Vereinigten Staaten großzügig an die Bibliotheken der Welt verteilt. Seit 1876 wurden andere Regeln formuliert, hauptsächlich auf der Grundlage von Cutters Regeln. Ein Konsens darüber findet sich in den „Eclectic Card Catalogue Rules, Author and Title Entries" von KA Linderfelt, Bibliothekar der Milwaukee Public Library, Boston (Charles A. Cutter) 1890. Diese äußerst nützliche Zusammenstellung „basiert auf Dziatzkos „Unterricht" im Vergleich zu den Regeln des British Museum, von Cutter, Dewey, Perkins und anderen Autoritäten" ist englischen Bibliothekaren nicht so bekannt, wie es sein sollte. Das vorliegende Handbuch soll als Einführung in diese beiden Codes dienen und die darin enthaltenen Anweisungen basieren auf ihnen. Wenn diese nicht eingehalten wurden, erlangten die vorgenommenen Änderungen in der Bibliothekspraxis Geltung. Erwähnenswert ist auch das interessante kleine Buch „How to Catalogue a Library" (Stock, 1889) von Herrn Henry B. Wheatley, das als Einführung in das Thema gelesen werden sollte.

8. – Der große Vorteil des Wörterbuchkatalogs besteht darin, dass er so gestaltet werden kann, dass er die meisten Informationen bereitstellt, nach denen Bibliotheksbenutzer normalerweise fragen, und zwar durch sofortige Bezugnahme, ohne dass eine vorherige Untersuchung seiner Anordnung erforderlich ist. Seinen Namen verdankt es dem Umstand, dass alle Einträge, unabhängig von ihrer Art, in einer einzigen alphabetischen Reihenfolge zusammengefasst und wie in einem Wörterbuch konsultiert werden. Für die Mehrheit derjenigen, die beliebte Bibliotheken nutzen, wird dies als die akzeptabelste Form angesehen, und die Erfahrung hat gezeigt, dass dies auch der Fall ist.

Der Wörterbuchkatalog soll alle folgenden Fragen beantworten:

Welche Bücher eines bestimmten Autors wie Hall Caine befinden sich in der Bibliothek? Die Antwort darauf heißt *Autoreneintrag*.

Welche Bücher haben Sie zu einem bestimmten Thema, als Dynamo; oder zu einem bestimmten Thema, wie der Ostfrage? Die Einträge, die solche Anfragen beantworten, sind die *Betreffeinträge*.

Haben Sie ein Buch mit dem Titel „Eine Tochter Evas"? Der Eintrag, der diese Informationen bereitstellt, wäre der *Titeleintrag*.

Haben Sie einen Band einer Reihe wie „Englische Männer der Literatur"? Dies wird auch beantwortet, und die Antwort kann als *Serieneintrag bezeichnet werden*.

Es gibt jedoch Fragen, die der Wörterbuchkatalog normalerweise nicht beantwortet. Es würde nicht sagen, welche Bücher sich in einer bestimmten Sprache, beispielsweise Französisch, in der Bibliothek befinden, und es wird keine vollständige und eindeutige Liste von Büchern in einer bestimmten *Form*, als Belletristik oder Poesie, liefern; oder in einer *Literaturklasse, die sich vom Fach* unterscheidet. Zum Beispiel werden nicht alle theologischen Werke oder wissenschaftlichen Bücher zusammengefasst, sondern sie werden über das gesamte Alphabet entsprechend den Unterteilungen dieser Themen verteilt, und diese Unterteilungen werden wiederum nach kleineren Abteilungen und Monographien verteilt.

Ein Katalog, der nach den Zeilen zusammengestellt wurde, die zur vollständigen Gruppierung solcher Klassen erforderlich sind, so dass eine allgemeine Abhandlung und eine Monographie mit einer genauen Unterteilung in natürlicher Reihenfolge folgen, wäre ein klassifizierter Katalog, und diese Form wird in Kapitel XII gesondert behandelt.

Um eine Kombination beider Formen so zu erreichen, dass sie jede Frage, ob vernünftig oder nicht, beantworten würden, würde eine so große Anzahl von Einträgen für jedes Buch erforderlich sein, dass seine Zusammenstellung kaum durchführbar wäre, und wenn sie durchgeführt würde, wäre sie unbefriedigend. weil die Einfachheit der alphabetischen Reihenfolge zerstört würde und das Ergebnis die aufgewendete Arbeit nicht wert wäre, ganz zu schweigen von seiner Größe und Kostspieligkeit.

9. – Daher muss von Anfang an die Wahl zwischen den beiden Formen Wörterbuch oder Klassifikation getroffen werden. Zunächst ist zu überlegen, welche Form den Bedürfnissen der jeweiligen Klasse, die die Bibliothek nutzt, am wahrscheinlichsten entspricht. als Katalog, der für eine Universitätsbibliothek oder den einer wissenschaftlichen Gesellschaft am nützlichsten wäre, wäre er für eine freie Bibliothek inmitten einer Arbeiterbevölkerung ungeeignet. Dann kommt die Kostenfrage ins Spiel, und hier ist die klassifizierte Form im Vorteil, da abgesehen von den kurzen Indexeinträgen meist ein Eintrag pro Buch ausreicht, während in der Wörterbuchform der Durchschnitt bei drei Einträgen liegt. Es gibt noch eine wichtigere Angelegenheit, die sich wesentlich auf die älteren Bibliotheken auswirkt, und zwar die Unmöglichkeit, die Wörterbuchform in einem vernünftigen Rahmen zu halten, selbst bei verkürzten Einträgen und eng gedruckten Seiten in kleiner Schrift. Ausleiher einer öffentlichen Leihbibliothek ziehen es vor, ihre Kataloge bei sich zu tragen, wenn sie Bücher austauschen. Sie können dies jedoch nicht tun, wenn sie aus zwei

oder drei Bänden bestehen oder so sperrig sind, dass sie nicht tragbar sind. Aus diesem Grund waren Bibliothekare, die uneingeschränkt an die überlegenen Vorteile des Wörterbuchkatalogs glaubten, gegen ihren Willen gezwungen, die klassifizierte Form zu übernehmen. Sie hatten keine Alternative, außer der sehr unbefriedigenden Möglichkeit, ihren Bücherbestand umfassend zu durchsuchen, und nur diejenigen, die diese Verantwortung übernommen haben, wissen, wie schwierig es ist, zu entscheiden, ob es sich lohnt, ein Buch aufzubewahren oder nicht. Eine sehr fundierte Darstellung der Vorzüge der beiden Katalogstile findet sich in einem Artikel von Herrn FT Barrett von der Mitchell Library, Glasgow, mit dem Titel „The Alphabetical and Classified Forms of Catalogs Compare" in „Transactions of the". Second International Library Conference", 1897. Die Ansichten von Herrn JD Brown, wie sie in Kapitel V. seines „Manual of Library Classification" (Library Supply Co., 1898) dargelegt sind, sollten ebenfalls sorgfältig geprüft werden.

VORBEREITUNG.

10. – Geht man davon aus, dass der Student sich zum ersten Mal mit der Katalogisierung einer Bibliothek beschäftigt, muss er sich einen Vorrat an Karten oder Zetteln in einheitlicher Größe besorgen. Fast jede Größe reicht aus, aber die bequemste und am häufigsten verwendete misst 5 x 3 Zoll. Wenn der Katalog für die Verwendung durch Leser geschrieben werden soll, sind Karten erforderlich, da diese bequemer umzublättern sind als die Papierzettel, die gut genug zum „Kopieren" für einen gedruckten Katalog geeignet sind. Wenn die Karten oder Zettel mit einem Stift beschrieben werden sollen, sollten sie mit einer „Feint"-Linie versehen sein und Randlinien haben, um den „Einzug" zu markieren. Diese Entscheidungen gelten nur für eine Seite, da ein Eintrag auf keinen Fall auf der anderen Seite fortgesetzt werden sollte. Wenn ein Eintrag so lang ist, dass er nicht auf einer Karte platziert werden kann, muss er auf der Vorderseite einer zweiten fortgesetzt werden, wobei der Autor oder eine andere Überschrift wiederholt werden muss. Für den eigenen Gebrauch durch den Katalogisierer oder als Druckexemplar kann die Karte oder der Zettel nach Bedarf verlängert werden, indem ein Papierstreifen gleicher Breite darauf geklebt und im Umfang der Kartengröße zusammengefaltet wird, wobei die Überschrift freigelegt wird. Dies ist nicht möglich, wenn die Karten durch eine durch sie verlaufende Stange an Ort und Stelle gehalten werden. Es muss kaum darauf hingewiesen werden, dass bei einem Kartenkatalog, der für den Gebrauch durch viele Personen bestimmt ist, die Qualität der Karten von großer Bedeutung ist, da Karten aus billigem, minderwertigem Material ein langes Umblättern nicht aushalten, ohne zu reißen. Kartenkataloge erfreuen sich bei der Öffentlichkeit nicht immer großer Beliebtheit, da manche Personen offenbar Schwierigkeiten haben, die Karten umzudrehen. Aus diesem Grund bevorzugen einige Bibliothekare die Bündelform, weil sie die Buchform beibehält, die jeder versteht, und sie hat die gleichen Vorteile wie der Zettelkatalog, indem sie jederzeit das Einfügen von Ergänzungen in der richtigen Reihenfolge ermöglicht und neben der Übernahme eine unbegrenzte Erweiterung ermöglicht weniger Platz.

Auf jeder Karte oder jedem Zettel wird ein separater Eintrag für jedes Buch vorgenommen, und mit „Buch" ist ein Werk gemeint, das in einem einzigen Band oder in mehreren Bänden vorliegen kann. Selbst zwei Werke desselben Autors, die unter seinem Namen erscheinen, sollten auf separaten Karten eingetragen werden, da bei gemeinsamer Niederschrift meist später ein weiteres Buch *dazwischen eingefügt werden muss*.

11. —Drucker gelten als Klasse als die genauesten und geduldigsten Menschen, aber den Anfängern, die noch keine große Erfahrung mit ihrem Handwerk haben, ist es gut zu sagen: „Seien Sie darauf bedacht, kühn und klar zu schreiben", und erinnern Sie sich daran Immer, dass es für einen Verfasser eine viel schwierigere Arbeit ist, einen Katalog zu erstellen, als wahrscheinlich jede andere Art von Buch, weil das Thema nicht „weiterläuft" und verschiedene Arten und Sprachen häufig darin enthalten sind. Abgesehen von den Fehlern, die leicht passieren, wenn die „Kopie", wie das Manuskript genannt wird, nicht klar und eindeutig ist, besteht das Risiko, dass für „Autorenkorrekturen" zusätzliche Kosten anfallen – ein bekannter Posten in allen Druckerrechnungen. Eine klare Formulierung ist umso wichtiger, wenn der Katalog im Manuskript für die Leser verbleiben soll. Eine praktische kleine Broschüre zu diesem Thema ist „Library Handwriting", herausgegeben von der New York State Library School im April 1898, und der darin gezeigte Handschriftstil sollte studiert und nachgeahmt werden. Das Muster auf der nächsten Seite ist daraus entnommen.

12. – Bei der Erstellung von „Kopien" und beim Verfassen von Zettelkatalogen für den öffentlichen Gebrauch zeigt sich der große Wert der Schreibmaschine, da durch ihre Verwendung sowohl Klarheit und Einheitlichkeit als auch Platzersparnis gewährleistet sind. Obwohl es kaum im Rahmen dieses Handbuchs liegt, eine Empfehlung für eine bestimmte Schreibmaschinenmarke zu geben, zeigt die Erfahrung, dass es ein Fehler wäre, die „Hammond" zu übersehen, wenn man die Vorzüge verschiedener Maschinen betrachtet. Bei der Katalogisierung erweist es sich als nützlich, da auf einem einzigen Gerät eine Vielzahl von Unterscheidungszeichentypen, einschließlich der am häufigsten benötigten Buchstaben mit Akzent, verwendet werden können.

MUSTERALPHABETE UND FIGUREN

Joined hand

a b c d e f g h i j k l m
n o p q r s t u v w x y z
a b c d e f g h i j k l m n o p
q r s t u v w x y z
1 2 3 4 5 6 7 8 9 0 &

Take great pains to have all writing uniform in size, slant, spacing & forms of letters.

Disjoined hand

A B C D E F G H I J K L M N
O P Q R S T U V W X Y Z
a b c d e f g h i j k l m n o p
q r s t u v w x y z
1 2 3 4 5 6 7 8 9 0 &

Take great pains to have all writing uniform in size, slant, spacing & forms of letters.

Verbundene Hand

Abgetrennte Hand

KAPITEL III.
DER HAUPTEINTRAG. – DER AUTORENEINTRAG, I.

13. – Welche Meinungsverschiedenheiten auch immer zu verschiedenen Punkten bestehen, die sich bei der Katalogisierung von Büchern ergeben, alle Autoritäten sind sich darin einig, dass der Haupteintrag, der die meisten Einzelheiten zu einem Buch enthält, unter dem Namen des Autors erfolgen sollte. Dies ist also der erste Eintrag, der vorgenommen werden muss, und der Katalogisierer, der das zu behandelnde Buch ausgewählt hat, ignoriert jeglichen Titel auf dem Einband und wendet sich, vorbei am vorläufigen oder „Halbtitel", der eigentlichen Titelseite zu mit den meisten Informationen und mit dem Impressum (Ort der Veröffentlichung, Herausgeber und Datum) am Fuß und Kopien davon mit den folgenden Angaben, wobei diejenigen hinzugefügt werden, die bei einer Prüfung des Buches nicht auf der Titelseite angegeben wurden, und in dieser Reihenfolge: nämlich.-

1. Der Nachname des Autors.

2. Der Vorname (oder Vorname) des Autors.

3. Titel des Autors (sofern zur Unterscheidung oder Unterscheidung erforderlich).

4. Der Titel des Buches.

5. Der Name des Herausgebers (falls nicht Autor oder Compiler) oder der Name des Übersetzers (falls angegeben).

6. Die Ausgabe.

7. Der Name der Serie (falls vorhanden) oder, falls Teil eines Buchs, der Name des Buchs, in dem sie enthalten ist.

8. Die Kollation (falls angegeben), oder

9. Die Anzahl der Bände, wenn mehr als einer vorhanden ist.

10. Die Größe (falls angegeben).

11. Ort der Veröffentlichung.

12. Druckort oder Name des Druckers (wenn das Buch nur typografisch interessant ist).

13. Das Datum der Veröffentlichung.

14. Das Regal, die Presse oder ein anderer Ort oder eine Fundstelle.

15. Beschreibende oder erläuternde Anmerkung (sofern wünschenswert).

16. Inhalt (sofern angegeben).

Die Reihenfolge ist die am häufigsten verwendete Reihenfolge, aber die Nrn. 8 bis 13 können nach Belieben geändert werden, wenn diese Änderung zu Beginn der Arbeit vorgenommen und anschließend in allen Fällen eingehalten wird.

14. – Wie der Nachname des Autors angibt, muss der Vorname folgen, entweder in Klammern eingeschlossen, wie

Dickens (Charles),

oder mit vorangestelltem Komma, wie

Emerson, Ralph Waldo.

Die Klammern werden häufiger verwendet, sehen aber nicht so gut aus wie das Komma, und ihre Verwendung erfordert das, was ein Drucker als „Lauf auf Sortierungen" bezeichnet – das heißt, die Verwendung eines bestimmten Satzstücks in einem solchen Ausmaß erfordern eine besondere Versorgung, die über die normalerweise mit einer Typquelle bereitgestellte Versorgung hinausgeht. Letztendlich ist dies eher eine Frage des Geschmacks als der Zweckmäßigkeit, und der Katalogisierer wird wählen, was ihm am besten erscheint. Am Rande sei angemerkt, dass der „Kult des Trivialen" bei der Katalogisierung nicht völlig zu verachten ist, da die sorgfältige Beachtung scheinbar unbedeutender Details eine gute und genaue Arbeit gewährleistet.

15. – Die Punkte, die beim Kopieren des Titelblatts und beim Vorbereiten des Autoreneintrags zu beachten sind, können durch Illustrationen deutlicher dargestellt werden als durch Beschreibung. Nehmen wir an, dass die Titelseite des vorliegenden Buches vollständig lautet:

Die persönliche Geschichte von David Copperfield. Von Charles Dickens. Mit acht Abbildungen. London: Chapman & Hall, Piccadilly.

Wir fahren mit dem Schreiben des Haupteintrags fort, der lautet:

Dickens, Charles. Die persönliche Geschichte von David Copperfield.

Aus dem „Fly-Titel" erfahren wir, dass es sich um die „Ausgabe von Charles Dickens" handelt. Wir untersuchen das Buch und stellen fest, dass es sechs einleitende Seiten enthält, von denen diese mit römischen Ziffern versehen sind, und 533 weitere Seiten mit arabischen Ziffern sowie ein Porträt und sieben weitere Abbildungen. Diese Angabe der Anzahl der Seiten und Abbildungen wird als „Sortierung" bezeichnet, denn wenn man ein Buch untersucht, um sich zu vergewissern, dass es perfekt ist, wird es zusammengestellt. Da der Ort der Veröffentlichung London ist, ist es in englischsprachigen Katalogen üblich, ihn im Eintrag wegzulassen, was bedeutet, dass London verstanden wird. Da das Datum der Veröffentlichung nicht angegeben ist und es auch keine Möglichkeit gibt, es mit Sicherheit herauszufinden, werden die Initialen „nd", was „kein Datum" bedeutet, hinzugefügt, und der vollständige Katalogeintrag lautet:

DICKENS, CHARLES.

Die persönliche Geschichte von David Copperfield. (*Charles Dickens' Hrsg.*)
S. VI., 533, Port., Abb. 8vo. nd

K 1200

Der Name des Autors sollte außen links auf der Karte oben stehen, der Rest des Eintrags folgt mit einer Einkerbung auf jeder Seite, wobei nur das Druckzeichen außen rechts außen stehen sollte, wie im gedruckten Eintrag oben gezeigt.

16. – Es ist äußerst wichtig, bei der Transkription eines Titels sorgfältig vorzugehen, da es viel einfacher ist, einen Fehler zu machen, als ihn später, selbst zum Zeitpunkt des Drucks, zu entdecken. Unmerklich schleichen sich Fehler der Hand und des Auges ein. Außerdem ist es wahrscheinlich, dass ein Fehler, der einmal gemacht wurde, in allen anderen Einträgen wiederholt wird, wenn er vom ersten übernommen wird. Eine sehr häufige Fehlerursache besteht darin, dass der Geist so sehr in die Betrachtung eines Buches versunken ist, dass, wenn ein zweites Buch behandelt wird, unabsichtlich ein Wort aus dem ersten in den Titel geschrieben wird, und wenn das Ergebnis so ist Aufgrund seiner Absurdität nicht sehr offensichtlich, entgeht es bis zum Druck völlig der Aufmerksamkeit und ist ein ständiger Beweis gegen den Katalogisierer.

17. – Die Zeichen und Abkürzungen der Wörter, die in der obigen Abbildung und allen anderen folgenden verwendet werden, sind die in der Katalogisierung üblichen, und da es eine Reihe gut verstandener Abkürzungen gibt, die im Zusammenhang mit Büchern verwendet werden, ist eine Liste der Die nützlichsten davon sind in Anhang A aufgeführt.

Es ist empfehlenswert, sich die zu verwendenden Personen zu notieren und eine Liste davon als Referenz immer griffbereit auf einer Karte aufzubewahren. Die Liste könnte dann beim Drucken in das Vorwort des Katalogs eingefügt werden, um das Verständnis für diejenigen zu erleichtern, die sich mit Buchabkürzungen nicht auskennen. Man sollte auch bedenken, dass es auf lange Sicht nicht viel bringt, wenn man zu eng mit „illus" abkürzt. ist leichter zu verstehen als „il". oder „krank". und „übersetzen". als „tr."

18. – Beim Kopieren einer Titelseite ist es erforderlich, dass die Schreibweise genau beachtet wird, insbesondere wenn sie eigenartig ist, nicht jedoch die Zeichensetzung. Die Zeichensetzung in den illustrativen Einträgen in diesem

Handbuch wird am häufigsten in Katalogen verwendet und wird sich in der Praxis als nützlich erweisen. Wenn jedoch eine persönliche Vorliebe für andere Formen auftritt und eine Änderung vorgenommen wird, ist lediglich erforderlich, dass diese Änderung einheitlich durchgeführt wird . Neben den gewöhnlichen Interpunktionsregeln gibt es nur vier wohldefinierte Regeln, die als maßgebend angesehen werden können, und diese sind:

A. – Dass alternative Titel ein Semikolon nach dem ersten Titel und ein Komma nach dem Wort „oder" erfordern. als

St. Winifred's; oder die Welt der Schule.

B. – Erklärenden Untertiteln muss ein Doppelpunkt vorangestellt werden. als

Die Grundlage des Todes: eine Studie zur Getränkefrage.

C. – Wenn zusätzliche Inhalte des Buches einen untergeordneten Platz auf der Titelseite einnehmen, muss dem Wort „mit" ein Semikolon vorangestellt werden, um sie nicht vollständig vom Rest des Titels zu trennen. als

Leben Luthers; mit einem Bericht über die Reformation.

D. – Dass, wenn der Name eines Herausgebers oder Übersetzers auf der Titelseite erscheint, das Wort „ed." oder „übersetzen". muss ein Semikolon vorangestellt werden, z

Epiktet. Diskurse; übers. von George Long.

Grünes Feenbuch; Hrsg. von Andrew Lang.

Es muss darauf hingewiesen werden, dass es bei der Katalogisierung nicht, wie bei anderen Büchern üblich, dem Drucker überlassen werden darf, die Interpunktion einzugeben, und dass der Katalogisierer sie daher im weiteren Verlauf sorgfältig bereitstellen muss, und nicht, wenn die Zeit für die Vorbereitung gekommen ist Arbeit für die Presse.

19. —Die gleiche Regel gilt für die Verwendung von Großbuchstaben. Bis vor Kurzem war es üblich, beim Drucken von Buchtiteln jedes Wort oder fast jedes Wort mit einem Großbuchstaben zu versehen, aber dieser Brauch ist heute nicht mehr üblich. Wie andere altmodische Bräuche lässt es sich nur schwer aussterben, und wenn nicht darauf hingewiesen wird, dass die „Kopie" in dieser Hinsicht genau befolgt werden muss, wird der Drucker höchstwahrscheinlich trotzdem die Großbuchstaben nicht einfügen, und das trotz der Tatsache, dass dies der Fall ist Möglicherweise muss er aufgrund der Überschreitung der Großbuchstaben warten, bis er ein Blatt ausgedruckt hat, bevor er ein weiteres Blatt setzen kann. Alles, was jetzt erwartet wird, ist, dass Großbuchstaben in Katalogeinträgen wie in jedem gewöhnlichen Buch verwendet werden, nämlich bei Eigennamen; zu Worten, die nach einem

Punkt kommen; und auf Wörter, die von Eigennamen abgeleitet sind. Im letztgenannten Fall wird in Katalogen manchmal ein kleiner (*also* kleiner) Anfangsbuchstabe verwendet, aber Wörter wie „ christlich ", „ paulinisch ", „ lutheranisch ", „ darwinismus ", „ ibsenismus " haben kein gutes Aussehen und sollte vermieden werden. Bei ausländischen Titeln sollte der Sprachgebrauch beachtet werden, so dass im Lateinischen, Französischen oder Italienischen weniger Großbuchstaben als im Englischen und im Deutschen mehr Großbuchstaben verwendet werden.

20. − Alle Daten und Zahlen sollten in arabischen Ziffern wiedergegeben werden, auch wenn sie auf der Titelseite in römischen Ziffern stehen. So wird „vom 17. Jahrhundert bis zur Gegenwart" zu „vom 17. Jahrhundert bis zur Gegenwart"; „MDCCCXCIX" wird zu „1899"; und „Band xliv." ist einfach „v. 44." Die einzige vernünftige Ausnahme von dieser Regel besteht darin, dass die Nummern der Potentatennamen immer in römischer Sprache angegeben werden, obwohl diese in amerikanischen Katalogen auch in arabischer Sprache angegeben werden. Wir auf dieser Seite des Atlantiks sind noch nicht gut genug an „Charles 2" oder gar „Edward 6th" gewöhnt, um es zu übernehmen.

21. − Manchmal sind Abbildungen Teil des Titels eines Buches, wenn es aus Gründen des Erscheinungsbilds wünschenswert ist, sie in Worten niederzuschreiben: Die Abschrift ist natürlich in der Sprache der Titelseite gehalten, obwohl „50 études pour le Piano" wurde in einem Katalog als „Fünfzig études pour le Piano" eingetragen.

22. − Soweit es sich um in römischer Sprache gedruckte Sprachen handelt, ist es die ausnahmslose Regel, sich an die Sprache des Titelblatts zu halten und keine Übersetzung anzufertigen. In gewöhnlichen Bibliotheken wird Griechisch normalerweise ins Lateinische transkribiert; Wenn ein griechischer Klassiker, wie es häufig der Fall ist, sowohl griechische als auch lateinische Titel hat, wird der lateinische Titel anstelle des griechischen verwendet.

23. − An diesem Punkt der Übersetzung von Titelseiten könnte durchaus die Frage der Nützlichkeit, insbesondere in populären Bibliotheken, berücksichtigt werden. Es kommt nicht oft vor, aber es ist möglich, dass eine Person ein fähiger Musiker ist und kein Wort Französisch, Deutsch oder Italienisch beherrscht, und es ist daher wahrscheinlich, dass viele der weniger bekannten Kompositionen akzeptabel wären, wenn Neben dem Original wurde auch eine Übersetzung der Titelseite mitgegeben. Es ist sehr sicher, dass es in den öffentlichen Bibliotheken viele wertvolle ausländische Bücher über Ornamentik und dekorative Kunst gibt, die fast ausschließlich aus Illustrationen bestehen und nicht ordnungsgemäß verwendet werden. Die

Katalogeinträge solcher Bücher haben für viele Handwerker keinerlei Bedeutung, und es wäre durchaus möglich, dass ihnen eine kostenlose Übersetzung zur Verfügung gestellt wird. Wenn eine solche Übersetzung nicht vorliegt, sollte eine Anmerkung zur Beschreibung der Art des Buches hinzugefügt werden.

24. – Es ist eine sichere Regel, dass das Veröffentlichungsdatum in jedem Fall und in jedem Eintrag angegeben werden sollte, da es in gewissem Maße dazu dient, die jeweilige Ausgabe des Buches anzuzeigen, und was bei wissenschaftlichen und technischen Werken noch wichtiger ist zeigen an, ob die Ausgaben in einer Bibliothek aktuell oder veraltet sind. In populären Bibliotheken wird es jedoch völlig sinnlos sein, in den Einträgen zu Belletristikwerken das Erscheinungsdatum anzugeben, und zwar aus dem einfachen Grund, weil viele Bücher dieser Literaturklasse so oft abgenutzt und dann durch neue ersetzt werden Kopien, die sehr selten das gleiche Datum haben wie die im Katalog abgedruckten, und es wird in dieser Hinsicht bald falsch. Glücklicherweise spielt dies keine Rolle, da nur sehr wenige Belletristikleser sich Gedanken über das Veröffentlichungsdatum machen und es daher getrost in allen Einträgen weggelassen werden kann. Diese Aussage gilt nicht für Erst- oder andere Ausgaben von Romanen von besonderem Wert, wie z. B. die Erstausgabe von „David Copperfield", da diese vollständig beschrieben und sorgfältig aufbewahrt würden.

25. – Es wurde ein erwägenswerter Vorschlag gemacht, den Einträgen von Nachdrucken die ursprünglichen Veröffentlichungsdaten hinzuzufügen. Dies würde die bereitgestellten Informationen erweitern und könnte verhindern, dass Personen ein altes Buch mit einem neuen verwechseln, obwohl Bibliothekare mit der Tatsache vertraut sind, dass alte Bücher genauso gerne gelesen werden wie die neuesten, wenn sie mit modernen, attraktiven Illustrationen und hübschen Einbänden ausgestattet sind .

26. – Im illustrativen Eintrag haben wir das Buch als 8vo markiert – das ist Oktavgröße. Dies lernen wir entweder durch Erfahrung mit Buchgrößen oder durch tatsächliche Messung, und es kann sofort zugegeben werden, dass die Frage der Größenangabe ein heikles Thema ist und keine absolute Regel zur Orientierung aufgestellt werden kann. Diejenigen, die sich mit der Materie befasst haben, wissen, dass es keine zufriedenstellende Lösung für die Schwierigkeit gibt, die über die Messung des Buchs und die Angabe seiner Größe in Zentimetern oder Zoll hinausgeht. Dies erschwert aber den Katalogeintrag zu sehr und für den alltäglichen Gebrauch reichen die alten Schilder von 8vo aus. (Oktavo), 4to. (Quarto) und fo . (Folio), und sie geben eine ungefähre Vorstellung von der Größe. Diese können, wenn es für notwendig erachtet wird, durch la eingeschränkt werden. (groß), klein. (klein) oder obl. (länglich), wenn die Bücher eine besondere Größe haben. Die Begriffe 12 °., 16 °., 32 °., &c. werden manchmal verwendet, aber sie vermitteln keine sehr genauen Informationen und die zusätzlichen Begriffe „demy", „royal", „imperial" und andere haben heutzutage unterschiedliche Bedeutungen, da es keinen festen Standard für die Größe von Papier oder Büchern gibt . Anhang B besteht aus einer Tabelle aus dem „Report of the Committee on Size Notation of the Library Association of the United Kingdom", die als Einführung in das Thema betrachtet werden kann, aber nicht als entscheidend angesehen werden sollte. Der vollständige Bericht des Ausschusses ist in den Monthly Notes der Library Association, Bd. 1, zu finden. 3, 1882, S. 130–133. Eine aus dieser Tabelle erstellte Skala dürfte für Katalogisierer praktisch sein, ebenso wie die handliche und bekanntere Skala in Buchgröße, die von Herrn Madeley vom Warrington Museum erstellt wurde. Bei Büchern sind die Seiten zu messen, nicht der Einband. Die Größe der Bücher wird in den gedruckten Katalogen der kostenlosen Bibliotheken nicht immer angegeben, und wenn dies der Fall wäre, würden die Zeichen höchstwahrscheinlich eher verwirren als helfen, da die Mehrheit der Öffentlichkeit außer dem Größenverhältnis nichts davon versteht Die Zahl anderer Bücher als Oktavos ist in einer Leihbibliothek nicht groß. Die Präsenzbibliothek enthält normalerweise eine beträchtliche Anzahl von Quart- und Folianten, und die Informationen zu diesem Punkt wären im Katalog dieser Abteilung nützlicher.

27. – Der immense Wert gelegentlicher erläuternder oder beschreibender Anmerkungen zu den Einträgen in einem Katalog ist bekannt, aber sie werden nicht so oft eingefügt, wie es sein könnte. Sie sollten dem Autor-, Betreff- oder Titeleintrag bei Bedarf, wünschenswert oder in irgendeiner Weise hilfreich hinzugefügt werden, möglichst kurz und auf den Punkt gebracht, und in kleinerer Schrift unter den Eintrag gedruckt werden, um deutlich zu machen, dass sie nicht Teil davon sind des Titels. Nachfolgend einige Beispiele aus verschiedenen Katalogen:

ALBERT, MARIA. Holland und seine Helden. 1878

Adaption von Motleys „Dutch Republic".

BALL (Sir Robert S.) Elemente der Astronomie. 1886. Abb.

Für das Studium dieses Buches sind mathematische Kenntnisse erforderlich.

Ball, (William P.) Werden die Auswirkungen von Gebrauch und Nichtgebrauch vererbt? 1890. *Naturserie.*

NOTIZ. — Der Autor vertrat eine negative Meinung und versucht zu beweisen, dass ohne die Hilfe natürlicher oder künstlicher Selektion keine Verbesserung der Menschheit stattfinden kann.

BOCCACCIO , Giovanni. Il Decameron ; neu correto et con diligentia Stampato . S. xii, 568. 8o. *Florenz*, 1527 [*Venedig* , 1729.]

Dies ist die Fälschung der Giunta oder „ Ventisetana " Decameron von 1527.

Dupont- Auberville , *M.* Art industrial: L'ornement des tissus . 1877

Für alle Zwecke geeignete , farbige Dessins aus textilen Stoffen.

Mariette, AE, *genannt* Mariette-Bey. Abrisse der altägyptischen Geschichte. 1890

Das beste Kurzhandbuch.

Persien.

Morier, J. Hajji Baba. 1895

Bleibt noch immer ein Standardbuch über das Leben und die Sitten der Perser.

Beim Hinzufügen von Notizen dieser Art ist es klug, sich an Tatsachenbehauptungen zu halten und sich nicht in Meinungsäußerungen zu ergehen.

KAPITEL IV.
DER HAUPTEINTRAG. – DER AUTORENEINTRAG, 2.

28. – Nachdem wir einige der allgemeinen Grundsätze festgelegt haben, die bei der vollständigen Erstellung des Autoreneintrags zu befolgen sind, gehen wir zu weiteren Beispielen über, die ausgewählt wurden, weil sie zufällig zur Hand sind, und nicht, weil sie Schwierigkeiten bereiten. Jede Reihe gewöhnlicher Bücher wird einige enthalten, die für den Anfänger beim Katalogisieren schwierig sind, und aus diesem Grund wurde nichts, was als abwegig angesehen werden könnte, in die Illustration übernommen.

Das nächste Buch ist:

Historischer Überblick über die deutsche Lyrik, durchsetzt mit verschiedenen Übersetzungen. Von W. Taylor aus Norwich. London: Treuttel usw.

Das Werk besteht aus drei Bänden, von denen der erste auf 1828, der zweite auf 1829 und der dritte auf 1830 datiert ist. Wir stellen durch Bezugnahme auf ein biographisches Wörterbuch oder ein anderes wahrscheinliches Werk fest, dass der Name des Autors William ist und als Wm. Taylor ist ein einigermaßen gebräuchlicher Name, wir behalten die Beschreibung „von Norwich" bei, damit er von jedem anderen Autor mit demselben Namen unterschieden werden kann. Der Autoreneintrag lautet dann:

TAYLOR, William (*von Norwich*).

Historischer Überblick über die deutsche Lyrik, durchsetzt mit verschiedenen Übersetzungen. 3 V. 8o. 1828-30

Da es sich bei diesem Buch um mehr als einen Band handelt, wird auf eine Zusammenstellung der einzelnen Bände verzichtet, da die Angabe der Anzahl der Bände als ausreichender Hinweis auf den Umfang angesehen wird. Wenn das Werk illustriert wäre, würde diese Tatsache immer noch angegeben, normalerweise nicht als „3 v., illus." aber „Abb. 3 V." oder „illus. 3 V." Es ist ersichtlich, dass für jeden Band nicht das Erscheinungsdatum angegeben ist, sondern nur das erste und das letzte Datum. Es muss darauf hingewiesen werden, dass die frühesten und spätesten Daten nicht immer mit denen des ersten und letzten Bandes einer Reihe übereinstimmen, da es manchmal vorkommt, dass es sich nicht um die ersten oder letzten Ausgaben handelt. Oftmals bestehen die Bände einer Reihe aus zwei oder mehreren Ausgaben mit großen Zeitabständen. In allen Fällen ist das früheste und späteste Datum anzugeben, eventuelle Besonderheiten der Ausgabe können durch einen Vermerk am Ende des Eintrags angegeben werden.

Bei einem anderen Buch stellen wir fest, dass auf der Titelseite Folgendes steht:

Leben von Ralph Waldo Emerson, von Richard Garnett, LL.D. London, Walter Scott usw. 1888

und nach einer ausführlichen Prüfung kommt der Eintrag als heraus

GARNETT, Richard.

Leben von Ralph Waldo Emerson. (*Große Schriftsteller.*) S. 200, xiv. sm. 8o. 1888

Mit einer Bibliographie von John P. Anderson.

29. – Ob die Verwendung von Initialen anstelle der vollständigen Angabe des Vornamens in einem Autoreneintrag wünschenswert ist oder nicht, hängt weitgehend von den Anforderungen der Bibliothek und dem beanspruchten Platz ab.

Es scheint eine wachsende Praxis zu geben, aus jeder verfügbaren Quelle alle Namen herauszusuchen, die einem Autor jemals aufgebürdet wurden. Für Kataloge, die nicht von großen Bibliotheken von nationaler Bedeutung sind, ist der Zweck nicht sehr offensichtlich, und es sollte den Katalogisierer nicht beunruhigen, warum sich Dickens dafür entschieden hat, einfach Charles und nicht Charles John Huffam genannt zu werden, oder Du Maurier lieber so genannt werden wollte namens George statt George Louis Palmela Busson , oder warum Hall Caine die Verwendung von Thomas Henry aus dem vorderen Teil seines Namens gestrichen hat. Dennoch sind diese und andere Personen mit ausführlicher Auflistung aller Namen erschienen, sogar in kleineren Katalogen, und manchmal mit bis aufs kleinste Detail gekürzten Buchtiteln, damit der ganze Name erfasst werden konnte. Der Geist der unendlichen Forschung ist für den Katalogisierer nicht immer von Vorteil.

30. – Andererseits sehen bloße Initialen dürftig aus, und der Mittelweg sollte gewählt werden, auch wenn die Kosten eine Rolle spielen, da die vollständige Nennung mindestens eines Namens nur sehr wenig zu den Druckkosten beiträgt. Es muss zugegeben werden, dass in vielen Fällen, in denen es zwei oder mehr Vornamen gibt, die Initialen für alle vernünftigen Zwecke unterscheidungskräftig genug sind, wie z. B. EA Abbott, AKH Boyd, EA Freeman, und auch so verwendet werden können. Gut verständliche Abkürzungen wie Chas. Dickens, Geo. R. Sims, Robt. Browning, Thos. Carlyle kann ebenfalls verwendet werden, aber der Gewinn ist so gering, dass er keine Überlegung wert ist. Der erste verwendete Vorname sollte vollständig angegeben werden, es sei denn, ein anderer ist besser oder besonders bekannt, wie WH Davenport Adams, J. Percy Groves, J. Cotter Morison, R. Bosworth Smith.

31. – Bei den gebräuchlicheren Nachnamen, wie Smith, Brown, Jones und den anderen, wird es eine Reihe von Autoren geben, die auch denselben Vornamen haben, wobei besondere Sorgfalt darauf verwendet werden muss, die Werke nicht miteinander zu vermischen, und so weiter Bücher einem falschen Autor zuordnen. Es muss eine gewisse Unterscheidung getroffen werden, wie sie im Eintrag „Taylor of Norwich" (S. 27) gezeigt wird, und diese sollte besser kursiv gedruckt werden. Beispiele hierfür, entnommen aus einem Katalog, sind

Smith, John, *ALS*

Smith, John, *aus Kilwinning*.

Smith, John, *aus Malton*.

Thomson, James (*Dichter*, 1700-48).

Thomson, James („BV")

Thomson, James (*Reisender*).

Wenn Vater und Sohn mit demselben Namen Autoren sind und der Unterschied zwischen ihnen im Buch als „der Älteste", „jun.", „ fils ", „ aîné " usw. erscheint, sollte er zum Zeitpunkt des angegeben werden Es erfolgt ein Eintrag, auch wenn er dann nicht zur Unterscheidung erforderlich ist, da die Bibliothek nur über die Werke des einen oder anderen verfügt. Häufig ist eine solche Unterscheidung nicht auf dem Buch angegeben und muss vom Katalogisierer hinzugefügt werden. Seltsamerweise wurden in Katalogen Einträge wie die folgenden gefunden:

Frères, P. Mode und historische Kostüme.

Nassau, W., *sen*. In Frankreich und Italien geführte Tagebücher.

Das erste Buch stammt von den Paquet frères und das andere von Nassau W. Senior.

32. – Biografische Wörterbücher aller Art sind für den Katalogisierer nützlich, aber um Unterscheidungen wie die oben erwähnten zu treffen und für den allgemeinen Gebrauch am nützlichsten und handlichsten, weil prägnant und umfassend, ist „Das Wörterbuch der biografischen Referenz, das eines enthält." Hunderttausend Namen" von Lawrence B. Phillips (Sampson Low, 1871). Es gibt eine spätere Ausgabe dieses Werks, aber es handelt sich lediglich um einen Nachdruck ohne neuen Stoff. Es sollte überflüssig sein, für britische Namen das wertvolle und unverzichtbare „Dictionary of National Biography" zu nennen. Allibones „Critical Dictionary of English Literature and British and American Authors" mit der

Beilage von Kirk ist ein alltägliches Nachschlagewerk für Katalogisierer. Für deutsche Biographien ist die „Allgemeine deutsche Biographie " (Leipzig, 1875-98) die wichtigste, für französische Namen die „ Biographie" . universelle " (Paris, 1842-65) ist sehr nützlich, ebenso für Namen im Allgemeinen. Es sollte durch Vapereaus „ Dictionnaire des contemporains " ergänzt werden.

33. – Das Formular für die Autoreneintragung ist klar und einfach genug und scheint leicht in die Praxis umzusetzen, aber es treten bald Schwierigkeiten auf, und der Umfang des Wissens, das der Katalogisierer über Menschen im Allgemeinen und Autoren im Besonderen besitzt, wird früh zum Tragen kommen prüfen. Das nächste Buch, das vor uns liegt, ist

Und umgekehrt ; oder eine Lektion für Väter. Von F. Anstey. Neue und überarbeitete Ausgabe. London, Smith, Elder usw., 1883.

Der Name des Autors ist in diesem Fall ein Pseudonym, und die Art und Weise, mit solchen Namen umzugehen, hat zu Meinungsverschiedenheiten und damit auch zu Meinungsverschiedenheiten in der Praxis geführt. In vielen Katalogen wird der tatsächliche Name des Autors, sofern bekannt, als Autoreneintrag verwendet und aus dem Pseudonym eine Referenz darauf gegeben. Dies mag in sehr speziellen Katalogen eine gute Regel sein, aber es besteht kein Zweifel, dass sie der Bequemlichkeit der großen Mehrheit der Personen zuwiderläuft, die Bibliotheken nutzen. und daher ist es der beste, weil bequemste und nützlichste Plan, den Eintrag unter dem *bekanntesten Namen vorzunehmen* , sei es angenommen oder real. Es wurde oft und mit großer Wahrheit gesagt, dass es nicht die Aufgabe von Bibliothekaren ist, die Identität eines Autors durch den Nachweis seiner Verwendung eines *Pseudonyms* herauszufinden, es sei denn, es liegt ein ausreichender Grund vor. Bei manchen Katalogisierern ist es zu einer wahren Sucht geworden, bis sie herausgefunden haben, ob ein Name echt ist oder nicht, und ihr Eifer in dieser Richtung führt sie manchmal in die Irre, wie die Tatsache zeigt, dass „George Eliot" als Mrs. eingetragen wurde. Lewes ist in zahlreichen Katalogen vertreten, und Marie Corelli wird Marion Mackay genannt. Der Katalogisierer macht sich nicht nur die Mühe, ständig nach echten Namen Ausschau zu halten, sondern bereitet den Lesern auch die Mühe und den Ärger, an mehreren Stellen im Katalog nachzuschauen, bevor sie die gesuchten Werke des Autors finden können . Leute, die Bücher von „Ouida" wollen, wollen nicht, dass man ihnen sagt, wenn sie sich an diesen Namen wenden, um „De la Ramé " oder „ Ramée , L. de la" oder sogar „La Ramé " zu lesen. Andererseits wäre es ebenso absurd, von Dickens auf „Boz" oder von Thackeray auf „ Titmarsh " zu verweisen; Verwenden Sie daher die bekanntesten Namen. Wenn das Pseudonym der gebräuchlichste Name ist und der Haupteintrag dementsprechend in dieser Form angegeben wird, ist es wünschenswert, aber nicht unbedingt erforderlich, auch den richtigen

Namen anzugeben, wenn er mit Sicherheit bekannt ist, und ihn in Klammern zu setzen, z

Anstey, F. (T. Anstey Guthrie).

Hobbes, John Oliver (Frau PMT Craigie).

Manchmal wird das Pseudonym in allen Einträgen kursiv gedruckt, dies dient jedoch nur der Hervorhebung des Namens, ohne darauf hinzuweisen, dass es sich um ein bekanntes Pseudonym handelt. Wenn darauf hingewiesen werden soll, dass es sich um einen angenommenen Namen handelt, ist die übliche Schreibweise in Anführungszeichen besser zu verstehen, als

„Twain, Mark" (Samuel L. Clemens),

Dies muss aber nur im Autoreneintrag stehen. Nach diesen Zeilen erscheint das vor uns liegende Buch als

„ ANSTEY , F." (T. Anstey Guthrie).

Und umgekehrt ; oder eine Lektion für Väter. Neue Ausgabe. 1883

Um den Autoreneintrag perfekt zu vervollständigen und mögliche Fehler auszuschließen, benötigen wir einen Querverweis vom echten Namen auf das Pseudonym, unter dem der Eintrag zu finden ist, also:

Guthrie, T. Anstey. *Siehe* Anstey, F.

Wenn der Platz keine Rolle spielt und die Eingabe so genau wie möglich erfolgen soll, dann ist es die Form

Anstey, F. (*Pseudonym von* T. Anstey Guthrie),

und die Referenz lautet

Guthrie, T. Anstey. *Siehe* Anstey F. (*pseud.*)

34. – Bevor wir diese Frage der Behandlung pseudonymer Bücher verlassen, kann die Aufmerksamkeit auf andere Phasen davon gelenkt werden. Es besteht gelegentlich die Schwierigkeit, dass ein Autor unter einem Pseudonym und unter seinem richtigen Namen veröffentlicht und unter beiden gleichermaßen bekannt ist. Beispiele hierfür wären Rev. John M. Watson, dessen theologische Werke unter seinem eigenen Namen und seine Geschichten unter „Ian Maclaren" erscheinen; und JE Muddock , der einige Geschichten unter diesem Namen veröffentlicht und seine Detektivgeschichten angeblich unter dem Namen „Dick Donovan". Der gesunde Menschenverstand könnte vorschlagen, sich an die bereits festgelegte Regel zu halten und unter beiden Namen einzutragen, aber dies verstößt gegen einen der ersten Grundsätze der Wörterbuchkatalogisierung, nämlich, dass alle Werke eines Autors unter einem einzigen Namen zusammengefasst werden müssen . Daher bleibt in solchen Fällen nichts anderes übrig, als den richtigen Namen anzunehmen und gleichzeitig darauf zu achten, dass durch die Angabe von Querverweisen keine Schwierigkeiten entstehen

„Maclaren, Ian." *Siehe* Watson, John M.

„Donovan, Dick." *Sehen* Muddock , JE

35. – Dann gibt es Bücher, in denen es für das Pseudonym eine Phrase gibt, wie „Einer, der ein Tagebuch geführt hat" oder „Ein Pfeifer am Pflug". Obwohl es sich dabei nominell um Pseudonyme handelt, handelt es sich praktisch um Anonyme, und in vollständigen und speziellen Katalogen ist es üblich, den Eintrag unter dem ersten Wort nicht als Artikel eines solchen Phrasennamens anzugeben. Es kann als sehr wahrscheinlich angesehen werden, dass ein solcher Eintrag in den meisten Katalogen völlig überflüssig wäre. Bücher wie:

„Fünf Jahre Zuchthaus, von Einem, der sie ertragen hat."

„Drei in Norwegen, von zwei von ihnen."

wäre besser zu behandeln, wenn die Titeleinträge wie diese als Haupteinträge genommen und das Pseudonym ignoriert würden. Dies ist ein Fall, in dem der Katalogisierer nach eigenem Ermessen entscheidet, welchen Weg er am besten einschlägt und sich dabei an den Anforderungen der Bibliothek orientiert. Es ist jedoch ein Fehler auf der richtigen Seite, beide Formulare anzugeben, wenn auch nur der geringste Zweifel besteht.

36. – Bücher mit nur Initialen anstelle des Autorennamens stehen zwischen Pseudonym und Anonym. Die Initialen können die eines Namens sein oder auf einen Titel oder Beruf hinweisen. In allen Fällen, in denen der durch die Initialen verschleierte Name nicht entdeckt oder seine Bedeutung nicht ermittelt werden kann, erfolgt der Eintrag unter dem *letzten* Buchstaben. Wenn die Buchstaben jedoch für ein bekanntes Pseudonym wie „ALOE" oder einen Titel oder Abschluss stehen, B. „von einem MP" oder „MA (Oxon)", dann wird der erste Buchstabe anstelle des letzten verwendet. Gelegentlich wird ein Initialismus wie „by BHW, DD" angegeben, wenn der Eintrag, da die Bedeutung klar ist, unter W. steht, as

W., BH, *DD*

Wenn bekannt ist, um welchen Namen es sich handelt, der durch die Initialen abgedeckt wird, z. B. AKHB oder LEL, wird der Eintrag unter dem vollständigen Namen angegeben.

Boyd, AHK

Landon, LE

es ist jedoch erforderlich, dass Querverweise aus dem Initialismus gegeben werden, wie z

B., AKH *Siehe* Boyd, AKH

L., LE *Siehe* Landon, LE

Die Bemerkung, ob es sich lohnt, in Moll-Katalogen einen Eintrag unter einem Phrasenpseudonym anzugeben, gilt auch für die Initialen und ist mit denselben Zweifeln behaftet.

37. – Bei der alphabetischen Anordnung der Einträge ist zu beachten, dass die Initialen in jedem einzelnen Buchstaben Vorrang vor allen anderen Namen haben, z

B., AKH

B., GW

Baar , Thomas.

„Bab."

Die Werke, die für den Katalogisierer bei der Offenlegung richtiger Namen am nützlichsten sind, sind Halkett und Laings *Dictionary of the anonym and pseudonymous literatur of Great Britain* , Cushings *Initials and pseudonyms* und *Les supercheries littéraires dévoilées* , par Quérard . Eine Liste von Pseudonymen, meist moderne Varianten, mit den richtigen Namen finden Sie in Anhang C für diejenigen, die sie benötigen.

38. – Die nächste Abbildung wurde ausgewählt, weil sie eindeutig anonym ist, das heißt, der Autor wird in dem Buch in keiner Form erwähnt, weder durch ein Pseudonym noch durch einen Initialismus, und die üblichen Informationsquellen erlauben es nicht, die Urheberschaft zu entdecken.

Zeiten und Tage: Essays in Romantik und Geschichte, S. VIII, 215. sm. 8o. 1889

Bei solchen Büchern, wenn sie es wert sind, kann durchaus die Arbeit des Katalogisierers ausgeübt werden, da Bibliothekare und die Öffentlichkeit das Gefühl haben, dass sie völlig berechtigt sind, herauszufinden, wer der Autor ist, wenn sie können. Wenn das Buch von Bedeutung ist, wird der Name des Autors sicher früher oder später zur allgemeinen Information preisgegeben, und die Möglichkeit dazu verleiht der Suche nach dem Namen in dem Moment, in dem er vom Katalogisierer benötigt wird, mehr Schwung. Neben den bereits erwähnten Nachschlagewerken sollten Watts *Bibliotheca Britannica (für die älteren Bücher) und* Barbiers herangezogen werden *Dictionnaire des ouvrages anonymes* und alle verfügbaren Spezialbibliographien oder Kataloge, nicht zu vergessen der großartige *Katalog gedruckter Bücher des British Museum* . Lokale

Kataloge erweisen sich bei dieser Arbeit oft als wertvoll, da die Identität eines Autors zwar lokal bekannt ist, aber nicht weiter. Es ist auch darauf hinzuweisen, dass es besser ist, das Buch als völlig anonym zu betrachten, wenn ein Werk lediglich von einer bestimmten Person „zugeschrieben" oder „angeblich" wird. Um ein typisches Beispiel zu nennen: Halkett und Laing schreiben die Urheberschaft der einst gefeierten „roten Broschüren" über die *Meuterei der bengalischen Armee* einem Major Bunbury zu, während der Autor, wie man heute weiß, der verstorbene Oberst GB war Malleson .

Für den Fall, dass sich die Suche nach dem Namen des Autors als erfolglos erweist, gilt die Regel, dass der Haupteintrag unter dem ersten Wort des Titels und *nicht unter einem Artikel angegeben wird* , genauso wie die Einträge im Werk von Halkett und Laing folgen. Sollte es sich bei der Bibliothek um eine kleine Bibliothek mit allgemeinem Charakter handeln, wäre es etwas pedantisch, sich strikt an diese Regel zu halten, insbesondere wenn das Thema des Buches auf der Titelseite klar angegeben ist. Beispielsweise würden Bücher wie „ *Eine kurze Geschichte Polens"* und *„Der Wanderführer für Harrogate"* ausführlich und zufriedenstellend behandelt, wenn die Einträge nur unter „Polen" bzw. „Harrogate" und nicht unter „Kurz" und „Rambler's" angegeben würden ", wie es die Regel vorschreibt.

39. – Wenn Bücher als „vom Autor von –" bezeichnet werden und nicht festgestellt werden kann, wer der Autor ist, werden sie als völlig anonym behandelt und entsprechend behandelt, als

N. oder M., vom Autor von „Honor Bright".

Unter „Honor Bright" würde kein Eintrag gemacht werden, außer natürlich für das Buch selbst, wenn es sich zufällig in der Bibliothek befände.

KAPITEL V.
DER HAUPTEINTRAG – DER AUTORENEINTRAG, 3.

40. —Weitere Schwierigkeiten ergeben sich von Zeit zu Zeit bei der Autoreneintragung aufgrund der großen Vielfalt der Autorennamen. Das erste Buch, das wir zur Veranschaulichung eines davon heranziehen, ist:

M. Tullii Ciceronis Orationen ; mit einem Kommentar von George Long. (Bibliotheca classica ; herausgegeben von George Long und AJ Macleane .) 4 v. la. 8o. 1855-62

Die Regel besteht darin, griechische und lateinische Namen entweder in die englische Form, als Cicero, Horace, Livius, Ovid, oder in den lateinischen Nominativ als M. Tullius Cicero zu transkribieren, und daher lautet der Eintrag:

CICERO , M. Tullius. Orationen ; mit einem Kommentar von George Long. (*Bibliotheca classica*). 4 v. la. 8o. 1855-62

Griechische Namen werden nicht einfach in römische Schriftzeichen transkribiert, wie Homeros , sondern in die englische oder lateinische Form, als Homer, Homerus . Alle Formen des Namens, unabhängig von der Sprache des Originalbuchs oder seiner Übersetzungen, müssen in der angenommenen Form zusammengefasst werden; also die folgenden drei Bücher,

Die Oden des Horaz; übers. ins Englische vom Rt. Hon. WE Gladstone, MP S. xvi., 154. 8o. 1894

Quinti Horatii Flacci Opera omnia; mit einem Kommentar von Rev. Arthur John Macleane , MA, 4. Auflage, überarbeitet von George Long, MA (1869). (*Bibliotheca classica* .) S. xxxii, 771. la. 8o. 1881

F. Orazio Flacco. Odi , Pistole , Satire; Übersetzung von Diocleziano Mancini. S. 64. sm. 8o. *Castello* , 1897

Flaccus (Quintus) eingetragen und würden daher als erscheinen

HORAZ. Opera Omnia; mit einem Kommentar von Arthur J. Macleane . 4. Auflage, überarbeitet von Geo. Lange (1869). (*Bibliotheca classica* .) S. xxxii, 771. la. 8o. 1881

— Odi , Pistole , Satire; trad. di Diocleziano Mancini. S. 64. sm. 8o. *Castello* , 1897

— Oden; übers. ins Englische von WE Gladstone, S. xvi, 154. 8o. 1894

Insbesondere bei klassischen Autoren ist es sehr selten erforderlich, Querverweise von einer Namensform zur anderen anzugeben. Es sollte beachtet werden, dass im Stil solcher Namen in einem einzigen Katalog absolute Einheitlichkeit erforderlich ist, sei es in lateinischer oder englischer Form, da es inkonsistent wäre, beispielsweise Virgilius an einer Stelle und Livius an einer anderen zu haben – mit anderen Worten: Es sollten Virgil und Livius oder Livius und Virgilius sein , populäre Bibliotheken, die die englische Form als am besten geeignet annehmen.

41. – Die übliche Art und Weise, die Einträge in einem solchen Fall wie dem oben beschriebenen Horaz zu ordnen, besteht darin, zuerst die gesamten Werke im Original anzugeben, dann die gesamten Werke in Übersetzungen, danach die Teile im Original, gefolgt von Übersetzungen dieser Werke in Die größeren Teile haben Vorrang vor den kleineren und die in der Originalsprache verfassten Teile stehen vor den Übersetzungen, ohne Rücksicht auf die alphabetische Reihenfolge.

42. – Es gibt Personengruppen, deren Namen im Katalog häufiger als Thema als als Autor aufgeführt werden, wie zum Beispiel Herrscher, Fürsten, Heilige und Päpste; Da jedoch eine Regel für beide Formen der Einreise gilt, kann an dieser Stelle darauf verwiesen werden. Alle diese Persönlichkeiten werden unter den Vornamen eingetragen, unter denen sie bekannt sind, und nicht unter Familien- oder Titelnamen. Zu diesen Namen gehören diejenigen, die in der Antike oder im Mittelalter vor der Zeit fester Nachnamen verwendet wurden oder als es sich lediglich um Beinamen handelte. Das Weglassen von Buchtiteln in Illustrationsbeispielen für alle diese in der richtigen Form wäre:

Albert, *Prinzgemahl* .

Albert Edward, *Prinz von Wales* .

Augustinus, *St.*

Giraldus Cambrensis .

Leo XIII., *Papst* .

Paul, *St.*

Thomas a'Becket .

Thomas a'Kempis .

Victoria, *Königin* .

Wilhelm *von Malmesbury* .

Es wäre sicherer, Querverweise für Namen wie Thomas a' Becket und Thomas a' Kempis bereitzustellen, also:

Becket, Thomas a'. *Siehe* Thomas a' Becket.

Kempis, Thomas a'. *Siehe* Thomas von Kempis.

43. – Seltsamerweise ist es in Katalogen ein recht häufiger Fehler, alle Heiligen zusammen unter „Heiliger" statt unter ihrem Namen einzutragen, und es wurde sogar versucht, eine so offensichtliche Absurdität mit der Behauptung zu rechtfertigen, dass Menschen von Natur aus Wenden Sie sich für solche Namen an das Wort „Heiliger". Das ist sehr wahrscheinlich, aber es wäre genauso vernünftig zu erwarten, die Bücher von Lord Beaconsfield unter „Lord" oder „Earl" und die von Herrn Gladstone unter „Mr." zu finden. Außerdem würde, wenn eine solche Regel logischerweise auf jede heiliggesprochene Person angewendet würde, Sir Thomas More nun unter „Selig" und Thomas a' Becket unter „Heiliger" eingetragen werden.

44. – Bei Adligen, die Autoren sind, sollte der Eintrag unter dem Titel und nicht unter dem Familiennamen erfolgen, obwohl es in manchen Fällen notwendig sein kann, einen Querverweis auf den Familiennamen anzugeben. Anschauliche Beispiele hierfür wären:

Beaconsfield, Graf von. Coningsby.

Disraeli, Benjamin. *Siehe* Beaconsfield.

Argyll, Herzog von. Die Herrschaft des Rechts.

In Gesamtkatalogen ist es üblich, weitere Einzelheiten anzugeben, z

Beaconsfield, Benjamin Disraeli, Earl of.

Argyll, George D. Campbell, 8. Herzog von.

Aber selbst in prägnanten Katalogen muss die Unterscheidung deutlich gemacht werden, wenn die Bibliothek zufällig Bücher von Adligen mit demselben Titel besitzt

Albemarle, 6. Earl of. Fünfzig Jahre meines Lebens.

Albemarle, 8. Earl of. Radfahren.

oder noch voller, als

Derby, Edward, 14. Earl of. Die Ilias von Homer, übersetzt.

Derby, Edward H., 15. Earl of. Reden und Ansprachen.

45. – In einigen Ausnahmefällen und genau definierten Fällen ist es besser, die Einträge unter dem Familiennamen zu platzieren, da dieser häufiger verwendet wird und daher besser bekannt ist, als

Bacon, Francis, Lord Verulam.

Walpole, Horace, Earl of Orford .

Es ist wichtig zu bedenken, dass der zu verwendende Autorentitel nicht der zum Zeitpunkt der Veröffentlichung des Buches ist, sondern der höchste Titel, der zum Zeitpunkt der Erstellung oder Veröffentlichung des Katalogs erreicht wurde.

46. – Dies bringt uns zu der Frage, inwieweit Ehrentitel , Berufstitel oder akademische Titel bei der Katalogisierung verwendet werden sollen, insbesondere im Zusammenhang mit Autorennamen. Dies ist eine Angelegenheit, die eher durch Bequemlichkeit und Gebrauch als durch feste Regeln geregelt wird. Es ist üblich, alle Rangtitel unterhalb des Ritterordens, alle Auszeichnungen eines Namens wie „Baronet", „Ritter", „Rechter Ehrenhafter " und „ Honorable " sowie die Initialen der verschiedenen Orden wegzulassen Rittertum, als KG, KCB, CB, &c. Universitätsabschlüsse und Initialen der Mitgliedschaft in gelehrten oder anderen Gesellschaften wie DD, MA, FRS, FRHist.S . usw. werden ignoriert, ebenso Berufsbezeichnungen wie Professor, Colonel, Doctor, Barrister-at-Law. Beispielsweise in der „Republik der Literatur", wie sie in der Katalogisierung zum Ausdruck kommt,

Der ehrenwerte Sir Charles Wentworth Dilke , Bart., MP

wird einfach

Dilke , Sir Charles W.

Und

Der ehrenwerte Professor F. Max Müller.

Ist

Müller, F. Max.

Nach dem gleichen Plan werden die meisten kirchlichen Titel übergangen, jedenfalls alle unter dem Rang eines Dekans, und alle Präfixe wie „Right Reverend", „Rev." werden weggelassen. Daher

Der rechte Reverend Lord Bishop von London, Mandell Creighton, DD usw.

reduziert wird auf

Creighton, Mandell, *Bp. von London* .

oder noch kürzer, falls gewünscht, bis

Creighton, Mandell, *Bp*.

Es hat sich herausgestellt, dass eine einfache Behandlung dieser Art alle Anforderungen erfüllt, und es ist völlig unnötig, Platz in einem Katalog durch das Hinzufügen überflüssiger Inhalte dieser Art zu verschwenden, außerdem muss irgendwo eine Grenze gezogen werden, und da der Katalogisierer keinen Grund hat, Selbst aus politischen Motiven, um sich dem Snobismus hinzugeben, gibt es keinen Anlass, einen Katalog in unangemessene Ausmaße anzuschwellen.

47. – Wenn jedoch die Einbeziehung von Graden oder anderen Unterscheidungszusätzen gewünscht wird, müssen diese dem Vornamen folgen, as

Jones, Thomas, *LL.D.*

und nicht

Jones, *LL.D.*, Thomas.

Präfixe werden in der richtigen Reihenfolge eingefügt, z

Jones, *Dr.* Thomas.

Alles, was nicht tatsächlich Teil des Namens des Autors ist, sollte, wie hier gezeigt, durch kursive Schrift hervorgehoben werden.

48. – Es kann dem jungen Katalogisierer nicht oft genug eingeprägt werden, wie wichtig es ist, über alle Veränderungen in der Welt um ihn herum und insbesondere in der literarischen und sozialen Welt auf dem Laufenden zu bleiben. Obwohl in einer gut ausgestatteten Bibliothek viele Informationsquellen verfügbar sind, kann keine davon ein bleibendes Gedächtnis und einen lebendigen Geist ersetzen, selbst wenn es um die vergleichsweise trivialen Angelegenheiten geht, die ständig beachtet werden müssen, wenn Fehler vermieden werden sollen Zumindest wenn der Katalog die neuesten Informationen anzeigen soll. Zum Beispiel, wenn jedes neue Jahr und der Geburtstag der Königin auf der Liste der neuen Ehrungen stehen Amtsblätter müssen gelesen werden, da ein oder zwei Autoren unter denen sein können, die in den Adelsstand erhoben oder zu Baronetten oder Rittern ernannt werden, und ihr Stil im Katalog muss entsprechend geändert werden. Dies kann als unnötiger Rat angesehen werden, da Kataloge von Bibliotheken das gesamte Feld des menschlichen Wissens in allen Richtungen abdecken sollen und dies auch tun, und es Teil der Aufgabe des Katalogisierers ist, sein Wissen auf dem neuesten Stand zu halten, wenn seine Dienste viel wert sein sollen. Es ist jedoch gut, Anfänger darauf hinzuweisen, denn wenn man solchen Einzelheiten keine Beachtung schenkt, werden sie sehr bald feststellen, oder andere werden es für sie tun, dass sie Bücher haben, die von derselben Person unter zwei Namen geschrieben wurden. manchmal drei, in einem einzigen Katalog. Es könnten viele Beispiele

angeführt werden, wie dies erreicht werden kann, aber es genügt, eines zu nennen. Die Erstausgabe des Buchs über Radfahren in der Reihe „Badminton Library" aus dem Jahr 1887 trägt die Namen Viscount Bury und GL Hillier als Autoren, und die Neuauflage aus dem Jahr 1895 stammt vom Earl of Albemarle und GL Hillier. Es würde nicht genügen, wenn eine Bibliothek, die die erste Ausgabe besitzt, diese jetzt unter „Bury" einträgt, und auch nicht, wenn eine Bibliothek, die beide Ausgaben besitzt, die eine unter „Bury" und die andere unter „Albemarle" einträgt.

49. – Dieser Punkt kann noch dadurch hervorgehoben werden, dass kirchliche Veränderungen in den höheren Rängen des Klerus von Zeit zu Zeit sorgfältig beobachtet werden müssen, damit zum Zeitpunkt der Drucklegung des Katalogs das allerletzte Amt angezeigt wird, oder dass die Änderungen werden vorgenommen, wenn sie im Manuskript vorliegen. Es würde nicht gut aussehen, Frederick Temple weiterhin als Bischof von Exeter oder gar als Bischof von London, Mandell Creighton als Bischof von Peterborough oder Frederick W. Farrar als Erzdiakon zu bezeichnen, obwohl ihre Namen in den katalogisierten Büchern möglicherweise so erscheinen.

Gelegentlich findet man Bücher von Autoren, deren kirchliches Amt und nicht ihr Name auf den Titelseiten erscheint, wie „von William, Bischof von Chester", „vom Erzbischof von York", wenn der Name gesucht und berücksichtigt werden muss Geben Sie die Urheberschaft des Buches an die richtige Person. Zum Beispiel gibt es ein 1870 veröffentlichtes Buch über die Riviera „vom Dekan von Canterbury", das leicht Dean Payne Smith statt Dean Alford zugeschrieben werden könnte, und ein sehr unvorsichtiger oder gedankenloser Katalogisierer könnte es sogar Dean hinzufügen Farrars Bücher. Ein sehr nützliches Nachschlagewerk in diesem Zusammenhang ist „ *Das Buch der Würden* " von Joseph Haydn, fortgesetzt von Horace Ockerby , 1894, und natürlich erweisen sich alle erhältlichen älteren Bände von Geistlichen Verzeichnissen oder Diözesankalendern als nützlich.

50. – Aber die Damen müssen mit viel größerer Vorsicht beobachtet werden, da sie viel eher dazu neigen, ihren Namen zu ändern, und das, ohne dass auf der Titelseite ein Hinweis auf eine solche Änderung angegeben wird. Es gibt viele Beispiele für Damen, die sowohl unter ihrem Mädchen- als auch unter ihrem Ehenamen geschrieben haben. Wenn die Damen weiterhin unter ihren Mädchennamen schreiben, würde die Regel für pseudonyme Bücher gelten und der bekanntere Name sollte verwendet werden, nämlich ME Braddon und nicht Mrs. Maxwell, Florence Warden und nicht Mrs. James. Wo Autorinnen besser unter den Namen ihrer Ehemänner mit dem Präfix „Mrs." bekannt sind, wie Mrs. Humphry Ward, Mrs. Coulson Kernahan usw., wird man feststellen, dass die bekannteste Form auch die beste für die Verwendung in a ist allgemeiner oder populärer Katalog, obwohl es genauer wäre, die eigenen Namen der Damen anzugeben. Wenn Genauigkeit von größter Bedeutung ist, kann die Unterscheidung sehr gut gezeigt werden, als

Ward, Mary A. (Mrs. Humphry Ward).

Kernahan , Jeanie G. (Frau Coulson Kernahan).

Wenn auf einer Titelseite sowohl der Mädchen- als auch der Ehename angegeben sind, beispielsweise „Katharine Tynan (Mrs. HA Hinkson)", ist es besser, den Ehenamen für den Eintrag zu übernehmen, es sollte jedoch insbesondere ein Querverweis angegeben werden wenn Bücher nur unter dem Mädchennamen herausgegeben wurden. Dementsprechend wäre der Eintrag

Hinkson, Katharine (Katharine Tynan).

und die Referenz

Tynan, Katharine. *Siehe* Hinkson, Katharine.

51. – Besonderheiten der Form bei Nachnamen werden als nächstes eine Betrachtung erfordern, und wahrscheinlich werden die ersten davon Namen mit Patronym- oder anderen Präfixen sein. Wenn der Autor Engländer ist oder es praktisch geworden ist (und „Englisch" hier im weitesten Sinne verstanden werden soll), wird das Präfix einfach als Teil des Namens betrachtet und als solcher eingeleitet. Im Folgenden finden Sie einige Beispiele für Namen in dieser Form:

St. John, Percy B.

De Crespigny , EC

D'Israeli , Isaac

Fitz George, George

Le Gallienne, Richard.

L'Estrange , AG

M'Crie , Thomas.

MacDonald, George.

O'Brien, William.

Ap John, Lewis.

Van Dyck, Sir A.

52. – Bei französischen Namen sollte der Eintrag nicht unter dem Präfix „de" erfolgen, sondern unter dem darauffolgenden Namen, es sei denn, das „de" ist so sehr im Nachnamen verankert, dass es ein integraler Bestandteil davon ist ein Präfix. Wenn das Präfix zufällig der bestimmte Artikel „le" oder „la" ist oder der Artikel darin enthalten ist, z. B. „du", ist der Eintrag unter dem Präfix anzugeben. Die folgenden Namen zeigen den abführenden Teil des Namens:

Maupas , CE de.

Decourcelle , A.

Delaroche, Paul.

La Bruyère , Jean de.

La Sizeranne , Robert de.

Le Monnier, L.

Du Boisgobey , F.

Du Camp, Maximè .

Anordnung solcher Namen werden sie so platziert, als ob das Präfix Teil des Namens wäre, und die letzten fünf würden als Labr ., Lasi ., Lemo ., Dubo ., Duca eingesetzt . Die englischen Namen werden weitgehend auf die gleiche Weise behandelt, aber Abkürzungen sind so zu setzen, als ob sie vollständig ausgeschrieben wären, und durch Weglassen weggelassene Buchstaben sind zu ignorieren. Auf diese Weise kämen die oben angegebenen englischen Namen in die richtige Reihenfolge: St. John als Saint John (allerdings nicht als Saintj , sondern *vor* Sainte, als Sainte-Beuve), De Crespigny als Decre ., D'Israeli als Disra ., Le Gallienne als Legall ., L'Estrange als Lestr ., M'Crie als Maccrie , Mac Donald als Macdon ., O'Brien als Obri ., Ap John als Apjohn und Van Dyck als Vandyck . Selbstverständlich dürfen die Namen in keiner Weise von der auf den Titelseiten erscheinenden Form abgeändert werden, auch nicht, um sie mit benachbarten Namen in der alphabetischen Reihenfolge in Einklang zu bringen .

53. – In deutschen und niederländischen Namen werden „von" und „van" ähnlich wie im französischen „de" nach dem Namen eingegeben als:

Ewald, GHA von.

Beneden , PJ van.

Einige Katalogisierer behalten diese und das französische „de" an ihrer Stelle als Präfixe bei und ignorieren sie gleichzeitig für die alphabetische Reihenfolge, also:

von Ewald, GHA

van Beneden , PJ

de Cuvier, Georges, Baron.

natürlich unter Ewald, Beneden , Cuvier. Der Effekt ist nicht ganz zufriedenstellend und die Lauflinie im Alphabet wird unterbrochen.

54. – Die nächste Schwierigkeit betrifft die zusammengesetzten Namen. Es wurde bereits angedeutet, dass stereotype Einheitlichkeit nicht immer zu empfehlen ist, aber im Umgang mit Namen dieser Art empfiehlt es sich, eine Regel festzulegen und sich strikt daran zu halten. Bei englischen zusammengesetzten Namen ist es am besten, die Einträge immer unter dem *Nachnamen* anzugeben . Beispiele für solche Namen wären

Phillipps , JO Halliwell.

Turner, C. Tennyson.

Dunton, Theodore Watts.

Diese sind den meisten Menschen als abgewandelte Namen so gut bekannt, dass es nicht ganz richtig wäre, lediglich einen Anfangsbuchstaben für den Vornamen anzugeben, as

Phillipps , JOH

Turner, CT

Dunton, Theodore W.

allerdings würde dies in den meisten Fällen zusammengesetzter Namen keine Bedeutung haben.

Nach einigen Katalogisierungsregeln wird empfohlen, dass der Eintrag unter dem ersten Teil des Namens erfolgen sollte, wenn der Autor seinen Namen zu einem späteren Zeitpunkt seines Lebens hinzugefügt hat, wie dies bei den oben genannten Personen der Fall war. Der Einwand gegen die Annahme dieses Vorgehens besteht darin, dass zwei Methoden verwendet würden und dass sie wahrscheinlich zu Verwirrung führen würden, da nicht immer klar oder allgemein bekannt ist, dass ein zusammengesetzter Name in Wirklichkeit aus der Hinzufügung eines Namens zum Namen besteht ursprünglicher Nachname. Es kommt häufiger vor, dass zwei Namen, die einer Person bereits rechtmäßig gehören, aufgrund von Mode oder Schwäche einfach durch einen Bindestrich verbunden werden und so „zusammengesetzt" werden. Auch hier wird nicht immer gezeigt oder bekannt, dass ein neuer Name angenommen wurde, wie es beispielsweise JFB Firth in seinen Büchern über die Londoner Regierung so beschrieben hat, und nicht als JF Bottomley-Firth, obwohl er als Bottomley geboren wurde und den Namen angenommen hat von Firth danach. Unterm Strich ist es daher klüger, sich an den Nachnamen zu halten, zumal dieser im Zweifelsfall durch den sinnvollen Querverweis, wie z.B., so einfach abzusichern ist

Tennyson-Turner, C. *Siehe* Turner.

Halliwell- Phillips , JO *Siehe* Phillipps .

Watts-Dunton, Theodore. *Siehe* Dunton.

Sogar diese Querverweise sind selten notwendig, da vernünftigerweise davon ausgegangen werden kann, dass jemand, der die Einträge unter dem einen Namen nicht findet, sich an den anderen wendet, wenn er also Bücher von Rev. S. Baring-Gould möchte Wenn er sie unter Baring nicht findet, ist es unwahrscheinlich, dass er zu dem Schluss kommt, dass sie nicht in der Bibliothek sind, ohne vorher unter Gould nachzuschauen.

55. – Aber während diese Regel für die Verwendung des letzten Teils eines zusammengesetzten Namens für englische Autoren gilt, muss für ausländische zusammengesetzte Namen die umgekehrte Methode als richtig übernommen werden und der Eintrag entsprechend unter dem ersten Teil eines solchen Namens erfolgen , als

Dreux-Brézé , Marquis de.

Martinengo-Cesaresco , Gräfin.

Merle d'Aubigné , JH

Tascher de la Pagerie , Comtesse de.

Es ist ersichtlich, dass diese Form hauptsächlich von den Gepflogenheiten des Landes bestimmt wird, zu dem der Autor zufällig gehört, und Katalogisierer werden sich so weit wie möglich mit den Gepflogenheiten jedes Landes vertraut machen, entweder durch Lektüre oder durch ständige Bezugnahme darauf einheimische biografische Wörterbücher und maßgebliche Kataloge.

56. – In einer durchschnittlichen britischen Bibliothek werden orientalische Namen nur gelegentlich vom Katalogisierer erwähnt und dann größtenteils englischen Büchern zugeordnet. Als allgemeine Regel kann festgelegt werden, dass der erste Teil solcher Namen als Autoreneintrag verwendet werden sollte, z

Omar Khayyam. Rubàiyàt ; übers. von Fitzgerald.

Wo Chang. England durch chinesische Brillen.

Dosabhai Framji Karaka. Geschichte der Parsis.

Eine Regel dieser Art darf jedoch nicht blind befolgt werden, da es sicherlich Ausnahmen gibt. Ein anderer Teil des Namens ist möglicherweise die bekannteste oder sogar korrekte Form, wie zum Beispiel:

Ranjitsinhji , KS Das Jubiläumsbuch des Cricket.

Wir erinnern uns immer daran, dass der Nachname nach westlicher Vorstellung, der von einer Generation zur nächsten weitergegeben wird, im Osten nicht existiert. In jedem Fall ist es ratsam, alle verfügbaren Kataloge zu konsultieren, die von Experten für orientalische Sprache und Bräuche zusammengestellt wurden. Auch beim Umgang mit diesen Namen ist Vorsicht geboten, damit sich nicht zu spät herausstellt, dass der Eintrag unter einem Titel und nicht unter einem Namen erfolgt ist. Auf den Seiten 76-97 von Linderfelt *Eklektische Kartenkatalogregeln* enthalten eine Liste orientalischer Titel und Berufe mit ihrer Bedeutung, und die Verwendung dieser Liste wird viel dazu beitragen, Fehler dieser Art zu vermeiden. Beales *orientalisches biographisches Wörterbuch* ; Auch das von HG Keene (WH Allen, 1894) überarbeitete Werk ist in diesem Zusammenhang ein hilfreiches Werk.

KAPITEL VI.
DER HAUPTEINTRAG . – DER AUTORENEINTRAG, 4.

57. – Wenn Bücher in Zusammenarbeit geschrieben werden, ist es üblich, den Eintrag unter dem erstgenannten Autor vorzunehmen, sofern auf der Titelseite nicht mehr als zwei angegeben sind, gefolgt vom Namen des zweiten. Bei mehr als zwei Autoren wird nur der Name des ersten angegeben, gefolgt von „und anderen" oder „&c." als

Woods, Robert A. und andere. Die Armen in großen Städten.

Es ist wünschenswert, von jedem Mitautor einen Querverweis auf den Namen anzugeben, unter dem der Eintrag platziert ist. Ob dies geschieht oder nicht, hängt jedoch stark vom Stil des Katalogs ab. In den meisten Fällen wird man feststellen, dass auf die Quellenangaben bei mehr als zwei Autoren verzichtet werden kann, bei nur zwei oft genug auch ab dem zweiten. Es ist beispielsweise unwahrscheinlich, dass für die Romane von Besant und Rice ein Verweis von Rice auf Besant oder für die von Erckmann-Chatrian ein Verweis von Chatrian erforderlich ist . Ist der zweitgenannte Autor jedoch auch alleiniger Autor anderer Bücher in der Bibliothek, ist die Quellenangabe unumgänglich und muss angegeben werden. Im Haupteintrag ist es nicht notwendig, die Namen anderer Autoren außer dem ersten umzukehren, obwohl dies manchmal geschieht, z

Besant, Sir Walter und Rice, James;

aber die bessere Form ist

Besant, Sir Walter und James Rice.

58. – Die Reihenfolge der Anordnung für Bücher, die von einem Autor geschrieben wurden, der auch Mitautor ist, besteht darin, zuerst die Bücher zu geben, die von ihm allein geschrieben wurden; dann jene Bücher, an denen er mitgewirkt hat, wobei sein Name den ersten Platz auf der Titelseite einnimmt; und schließlich die Verweise auf andere Autoren, mit denen er zusammengearbeitet hat, wobei sein Name jedoch an untergeordneter Stelle steht. Die Einträge wären in jeder dieser Unterteilungen separat alphabetisch geordnet. Das Folgende veranschaulicht diesen Punkt:

STEVENSON , Robert L. Der schwarze Pfeil.

— Wehr von Hermiston.

— und Fanny. Der Dynamiter.

— und Lloyd OSBOURNE . Die Ebbe.

— Der Zerstörer.

— *Siehe auch* Henley, WE

59. – Da in dieser Abbildung der Wiederholungsstrich verwendet wurde, kann hier angegeben werden, dass sein Zweck darin besteht, die Wiederholung des Namens des Autors in jedem Eintrag nach dem ersten zu vermeiden, und wie im Fall von „The wrecker, „Es ist in keinem Fall notwendig, mehr als einen einzigen Gedankenstrich zu setzen, da die Position des Eintrags darauf hinweist, dass er von denselben Autoren stammt wie das vorhergehende Buch." Durch den Missbrauch dieses Bindestrichs entstand der alte Katalogwitz

Mill, JS Über die Freiheit.

— Auf der Zahnseide.

und andere ebenso lächerliche finden sich in Katalogen, in denen der Bindestrich nicht auf die Verwendung als Wiederholung von Autorennamen oder als Wiederholung einer Schlagwortüberschrift beschränkt ist, sondern dieser Punkt im Abschnitt „Themenkatalogisierung" weiter behandelt wird (Abschnitt 102).). Es ist zu beachten, dass der Bindestrich im Falle von Autoren- oder Herausgebernamen nur als Wiederholung für zweite und weitere Bücher desselben Autors und nicht zur Wiederholung aller Autoren mit demselben Nachnamen verwendet werden darf

Fletcher, Andrew.

— Geländer.

— CRL

— Giles.

— JS

— Zeuge Jehovas

Diese schlechte Form sollte vermieden werden und der Nachname jeder Person vollständig angegeben werden

Fletcher, Andrew.

Fletcher, Banister.

Fletcher, CRL

60. – Musik wird normalerweise nicht unter der Annahme behandelt, dass der Librettist gemeinsam mit dem Komponisten Autor ist. Letzterer gilt stets als Autor und der Eintrag wird ausschließlich unter seinem Namen veröffentlicht. Der Grund dafür ist, dass bei Opern, Oratorien und dergleichen das Libretto nur eine Nebensache ist und die Bücher nur für die Musik in Bibliotheken aufbewahrt werden und in den Klavierauszügen von Opern selten ein vollständiges Libretto vorhanden ist. Auf diese Weise werden die Gilbert-Sullivan-Opern nur unter Sullivan aufgeführt, und wenn es wünschenswert erscheint, kann eine Referenz von Gilbert angegeben werden, die jedoch nicht unbedingt erforderlich ist. Das Folgende stammt aus der Titelseite einer dieser Opern.

„Eine völlig neue und ästhetische Oper in zwei Akten mit dem Titel ‚Patience; or, Bunthornes Braut", geschrieben von WS Gilbert, komponiert von Arthur Sullivan, arrangiert nach der Partitur von Berthold Tours. London."

Bei richtiger Anpassung würde dies im Katalog als erscheinen

SULLIVAN, Sir Arthur S.

Geduld; oder Bunthornes Braut: Oper; zusammengestellt von Berthold Tours. (*Klavierauszug.*) S. 117. 4o. nd

Es ist wohl kaum notwendig zu erwähnen, dass, wenn andererseits nur das Libretto einer Oper oder eines ähnlichen Werks in der Bibliothek wäre, der Eintrag unter dem Librettisten erfolgen würde und der Komponist ignoriert würde, da es kein Werk von ihm gäbe im Buch.

Gelegentlich gibt es eine Ausnahme von diesen Regeln, die in einem Buch wie z. B. zu finden ist

Moores irische Melodien; mit Begleitung von MW Balfe.

denn es ist wahrscheinlich, dass eine Ausgabe von Moores Melodien mit Musik ohne Rücksicht auf den Komponisten erforderlich wäre, obwohl das Buch möglicherweise eher wegen der Musik in die Bibliothek aufgenommen wurde. Daher müssen beide Einträge erfolgen, und zwar unter dem Namen des Beauftragten, der der Auftraggeber ist, als

BALFE, Michael W.

Moores irische Melodien; mit Beilagen. S. viii., 192. la. 8o. nd

MOORE, Thomas.

Irische Melodien; mit Begleitungen von Balfe. nd

61. – Wenn ein Buch aus einer Sammlung von Aufsätzen oder Artikeln mehrerer Autoren besteht, die von einem Herausgeber zusammengestellt wurden, ist es angemessen, den Haupteintrag unter dem Namen des Herausgebers und nicht unter dem des erstgenannten Autors zu veröffentlichen Inhalt. Wenn ein Buch dieser Art von ausreichender Bedeutung ist, kann jeder seiner Abschnitte als separates Werk behandelt und Autoreneinträge angegeben werden, wobei jedem Autor nur sein Anteil gutgeschrieben wird. Die Frage, inwieweit mit Büchern dieser Art umgegangen werden soll, muss ganz dem Katalogisierer überlassen bleiben, wobei Platz und Nutzen die beiden wichtigen Punkte für seine Überlegungen sind. Es kommt häufig vor, dass ein einzelner Aufsatz oder Abschnitt eines Buches die Essenz vieler Bände enthält, und für einen vielbeschäftigten Mann können solche Aufsätze von größerem Wert sein als ein ganzes Buch. Auch hier gilt: Wer sich für das Werk eines bestimmten Autors interessiert, wird sich nicht nur über die vollständigen Bücher freuen, sondern auch über seine Beiträge zu verschiedenen Werken, die durch eine Inhaltserschließung angezeigt werden. Dies würde den Umfang und die Kosten eines Katalogs erhöhen, gleichzeitig aber auch seinen Wert und seine Nützlichkeit steigern. Natürlich gibt es viele Bände dieser unterschiedlichen Art, deren Inhalt von sehr geringem oder flüchtigem Wert ist, und es wäre eine Energie- und Platzverschwendung, sie auf diese Weise zu indizieren. Es ist genauso leicht, diese Inhaltserschließung zu übertreiben, wie sie mit Bedacht durchzuführen, wie die Tatsache zeigt, dass sich einige Bibliothekare die Mühe gemacht haben, die Hauptinhalte so offensichtlicher Nachschlagewerke wie der Encyclopædia *Britannica und* des *Dictionary of zu erschließen Nationalbiographie* . Hier zeigt sich also, dass keine feste Regel aufgestellt werden kann. Manchmal reicht es aus, den Inhalt unter dem Haupteintrag darzustellen. Dies bedeutet nicht, dass der Inhalt von Zeitschriftenbänden, Rezensionen und dergleichen so behandelt werden sollte, wie es manchmal versucht wird, natürlich mit traurigen Ergebnissen, was die Vollständigkeit betrifft, denn bestenfalls kann nur eine Auswahl gegeben werden, und selbst das erfordert das Durchwühlen von eng aneinander gesetzten Seiten in Kleinschrift; Tatsächlich besteht der einzige wirkliche Zweck darin, zu zeigen, welche Seriengeschichten in einem bestimmten Band enthalten sind. Niemand kann der Tatsache widersprechen, dass eine enorme Menge an wertvollem Material in den letzten Bänden von Zeitschriften versteckt ist, aber Bibliothekare müssen sich auf Werke wie Pooles *Index to Periodical Literature* mit seinen Beilagen und den *Review of Reviews' Annual Index to Periodicals verlassen* um es zu offenbaren.

62. – In einigen Bibliotheken werden die Inhalte verschiedener Bücher sowohl gegliedert als auch indexiert, aber es ist zweifelhaft, ob es sich in den meisten Fällen lohnt, beides zu tun. Die folgenden Einträge zeigen ein bekanntes Buch, das nur in Bezug auf die Haupt- und Autoreneinträge vollständig auf diese Weise behandelt wird :

Essays und Rezensionen, S. iv., 434. la. 8o. 1860

Enthält : – Die Bildung der Welt, von Temple. Bunsens biblische Forschungen von Williams. Über das Studium der Beweise des Christentums von Powell. Séances historiques de Genève: Die Nationalkirche, von Wilson. Über die mosaische Kosmogonie von Goodwin. Tendenzen des religiösen Denkens in England, 1688-1750, von Pattison. Über die Interpretation der Heiligen Schrift von Jowett.

TEMPEL, Friedrich, *Erzbp.*

Die Bildung der Welt. (Essays und Rezensionen). 1860

WILLIAMS, Rowland.

Bunsens biblische Forschungen. (Essays und Rezensionen). 1860

POWELL, Baden.

Zum Studium der Zeugnisse des Christentums. (Essays und Rezensionen). 1860

WILSON, Henry B.

Séances historiques de Genève: Die Nationalkirche. (Essays und Rezensionen). 1860

GOODWIN, CW

Zur mosaischen Kosmogonie. (Essays und Rezensionen). 1860

PATTISON, Mark.

Tendenzen des religiösen Denkens in England, 1688-1750. (Essays und Rezensionen). 1860

JOWETT, Benjamin.

Zur Auslegung der Heiligen Schrift. (Essays und Rezensionen). 1860

Da diese Artikel außerdem jeweils mindestens einen Themeneintrag erfordern würden, ist ersichtlich, dass dieses Buch fünfzehn verschiedene Einträge haben muss, um effektiv katalogisiert zu werden.

63. – Der Inhalt gesammelter Werke in mehr als einem Band muss dargelegt werden, damit im Katalog angegeben werden kann, in welchem Band ein bestimmtes Werk zu finden ist, und zwar auf folgende Weise: –

HAWTHORNE, Nathaniel.

Gesamtwerke; mit einleitenden Anmerkungen von Geo. P. Lathrop. (*Riverside Hrsg.*) Illus. 12 v. 1883

Vers 1. Zweimal erzählte Geschichten.

V. 2. Moose aus einem alten Herrenhaus.

V. 3. Das Haus mit den sieben Giebeln. Das Schneebild und andere zweimal erzählte Geschichten.

und so weiter durch die restlichen Bände. Wo immer möglich, sollten die tabellarischen Inhalte solcher Werke zusammengefasst werden, wenn sie für alle sinnvollen Zwecke als ausreichend erachtet werden

GRAU, Thomas.

Werke; Hrsg. von Edmund Gosse. 4 v. 1884

V. 1. Gedichte, Zeitschriften und Essays.

V. 2-3. Briefe.

V. 4. Anmerkungen zu Aristophanes und Platon.

Es ist unnötig, eine Liste der im ersten Band enthaltenen Aufsätze anzugeben, da alle verschiedenen Aufsätze von Gray in diesem Band enthalten sind.

64. – Es gibt Bücher bzw. Buchausgaben mit zusammengesetztem Charakter, bei denen ein Herausgeber Werke verschiedener Autoren in einem Band zusammenfasst. Beispiele hierfür sind

Die poetischen Werke von Henry Kirke White und James Grahame; mit Memoiren usw. von George Gilfillan. *Edin.*, 1856

Die dramatischen Werke von Wycherley, Congreve, Vanbrugh und Farquhar; mit biografischen und kritischen Notizen von Leigh Hunt. 1875

Genauer gesagt kann der Katalogisierer, wie bereits erwähnt, den Haupteintrag unter dem Herausgeber angeben, dies entbindet jedoch nicht von der Notwendigkeit, unter allen Umständen einen separaten Eintrag unter dem Namen jedes Autors vorzunehmen. Es besteht keine Notwendigkeit, die Namen der anderen Autoren in den Einträgen anzugeben, und es gilt dasselbe Prinzip wie in den *Aufsätzen und Rezensionen* oben dargestellt. Es ist jedoch sinnvoll, jedem Autoreneintrag den Namen des Herausgebers hinzuzufügen, da dieser die jeweilige Ausgabe anzeigt. Die vollständigen Einträge würden wie folgt aussehen:

GILFILLAN, George (*Hrsg.*)

Die poetischen Werke von Henry Kirke White und James Grahame; mit Memoiren usw. 8o. *Edin.*, 1856

WEIß, Henry Kirke. Poetische Werke; Hrsg. von George Gilfillan. 1856

GRAHAME, James. Poetische Werke; Hrsg. von George Gilfillan. 1856

Das zweite Buch würde auf die gleiche Weise behandelt, jedoch mit den Vornamen, die den Unter- oder Autoreneinträgen hinzugefügt wurden, wie z

HUNT, Leigh (*Hrsg.*)

Die dramatischen Werke von Wycherley, Congreve, Vanbrugh und Farquhar; mit Biog. und kritischen Hinweise. la. 8o. 1875

WYCHERLEY, Wm.

Dramatische Werke; mit Biog., &c. Mitteilungen von Leigh Hunt. 1875

und ähnliche Einträge unter Wm. Congreve, Sir John Vanbrugh und George Farquhar. Die Einträge dürfen etwas prägnanter gestaltet werden, z

Congreve, Wm. Dramatische Werke; Hrsg. von Hunt. 1875

Es ist zu beachten, dass keines der oben genannten Bücher einen Haupteintrag unter dem erstgenannten Autor zulassen würde, da dies die Namen der Autoren in einer Weise zusammenführen würde, die zu der Annahme führen würde, dass es sich um Mitautoren handelte. als

White, Henry Kirke und James Grahame. Poetische Werke.

Wycherley, Wm., Wm. Congreve und andere. Dramatische Werke.

Es ist wahr, dass jeder Mensch mit den geringsten Kenntnissen der englischen Literatur besser wissen würde, dass diese Autoren zusammengearbeitet haben, aber der Katalogisierer muss sich in die Lage eines Mannes versetzen, der nichts von der Materie weiß. Querverweise vom Namen eines Autors zum anderen wären in einem solchen Fall absurd.

65. —Anthologien oder sonstige Zusammenstellungen sind unter dem Namen des Herausgebers bzw. Verfassers mit der Abkürzung Ed. einzutragen . (Herausgeber) oder *Comp.* (Compiler) folgt dem Namen, as

Palgrave, Francis T. (*Hrsg.*) Goldene Schatzkammer an Liedern und Texten. 1887

Der Künstler einer Sammlung von Zeichnungen oder anderen Illustrationen ist als Urheber anzusehen, der Verfasser etwaiger begleitender Beschreibungstexte als nachgeordnet

BURGESS, Walter W.

Teile des alten Chelsea: eine Serie von einundvierzig Radierungen; mit Hochdruckbeschreibungen von Lionel Johnson und Richard Le Gallienne. fo . 1894

Es wäre auch sinnvoll, Querverweise von den Autoren des Textes anzugeben

Johnson, Lionel. *Siehe auch* Burgess, WW

Le Gallienne, Richard. *Siehe auch* Burgess, WW

66. – Der Unterschied in den Verweisen zwischen „ *Siehe* " und „ *Siehe auch* " muss beachtet werden. Wenn es im Katalog bereits Einträge jeglicher Art unter den Namen der verwiesenen Personen gibt, lautet der Verweis „ *Siehe auch* " und nicht „ *Siehe* ". Die beste Form zum Schreiben eines Querverweises ist

Johnson, Lionel.

— *Siehe auch* Burgess, WW,

und sollte es vorkommen, dass zum Zeitpunkt der Druckvorbereitung des „Exemplars" des Katalogs kein anderer Eintrag unter dem Namen dieses Autors vorhanden war, würde er in geändert

Johnson, Lionel. *Siehe* Burgess, WW

67. – Es kommt gelegentlich vor, dass sowohl die Arbeit des Künstlers als auch die des Verfassers des Textes von ausreichender Bedeutung sind, um separate Einträge zu rechtfertigen, aber nur einer der Einträge sollte der Haupteintrag sein, der die ausführlichsten Einzelheiten enthält. Ein Buch dieser Art ist Ruskins Ausgabe von Turners *Harbours of England* . Da diese spezielle Ausgabe als eines von Ruskins Werken veröffentlicht wird und Turner mehr Thema als Autor ist, gilt dies auch für den Haupteintrag

RUSKIN , John.

Die Häfen Englands; mit ... Illustrationen von JMW Turner; Hrsg. von Thos. J. Wise. S. xxvi, 134. sm. 8o. *Orpington* , 1895

und der untergeordnete Eintrag ist

TURNER , JMW

Die Häfen Englands; [Text] von John Ruskin. 1895

68. – Wenn der Katalogisierer einem Eintrag ein Wort hinzufügt, das nicht auf der Titelseite steht, ist es üblich, dies anzuzeigen, indem man es in Klammern [ ] als Wort „Text" im obigen Beispiel einschließt. Wenn andererseits im Transkript der Titelseite Wörter als unnötig weggelassen wurden, wird die Auslassung durch drei Punkte gekennzeichnet ... wie im Ruskin-Eintrag gezeigt, wo das Wort „dreizehn" übergangen wurde. In den kleineren Bibliotheken wird man feststellen, dass es unnötig ist, Zusätze oder Auslassungen auf diese Weise zu kennzeichnen, wo es jedoch auf vollkommene Genauigkeit ankommt, ist dies die verständliche Form für den Zweck.

Dieser Ruskin-Eintrag zeigt auch, dass es keinen Anlass gibt, „illus" zu wiederholen, wenn bereits im Titel angegeben ist, dass das Buch illustriert ist. in der Zusammenstellung. Es gibt viele Bücher, bei denen der Wert mehr in den Illustrationen als im Text liegt, wie zum Beispiel die von Blake, Bewick, Cruikshank, „Phiz" und anderen illustrierten. In solchen Fällen wird es oft als ausreichend erachtet, einen Querverweis vom Künstler auf den abgebildeten Autor anzugeben, z

CRUIKSHANK, George, Werke illustriert von. *Siehe* Ainsworth, WH; Maxwell, WH

Es versteht sich von selbst, dass im Autoreneintrag angegeben ist, dass die jeweilige Ausgabe von dem Künstler illustriert ist, auf dessen Namen verwiesen wird, z

MAXWELL, WH

Geschichte der irischen Rebellion, 1798; Abb. von Geo. Cruikshank.

andernfalls wäre die Referenz wertlos.

Das Ausmaß, in dem diese Hinweise gegeben werden, hängt vollständig von den Ausgaben ab, da die billigen modernen Nachdrucke von Büchern wie Ainsworths Romanen keine Beachtung der Illustrationen erfordern und es nicht viele Illustratoren von Büchern gibt – insbesondere in der heutigen Zeit des „Prozesses". Reproduktion – deren Arbeit die besondere Aufmerksamkeit des Katalogisierers erfordert.

Bei Verweisen wie den oben genannten oder jeglicher Art sollte darauf geachtet werden, alle notwendigen Namen anzugeben und nicht, wie es manchmal der Fall ist, sondern zwei oder drei, und dann mit einem umfassenden „&c" abzuschließen. Das ist weniger als nutzlos, da es nur dazu dient, zu zeigen, dass es in der Bibliothek noch andere Bücher gibt, die von diesem bestimmten Künstler illustriert wurden, aber der Katalogisierer hat es versäumt, anzugeben, um welche Bücher es sich handelt, und der Fragesteller bleibt daher in ärgerlichen Zweifeln.

Kapitel VII.
DER HAUPTEINTRAG. – GESELLSCHAFTLICHE UND ANDERE FORMEN. – HERAUSGEBER UND ÜBERSETZER.

69. – Bei der Katalogisierung der Transaktionen, Memoiren, Protokolle und anderen Veröffentlichungen der gelehrten Gesellschaften werden die Gesellschaften in ihrer Eigenschaft als Autoren als Autoren betrachtet und so behandelt, wobei der Haupteintrag unter dem ersten Wort ihres Namens und nicht unter einem Artikel steht. sofern es sich um Gesellschaften nationalen oder allgemeinen Charakters handelt, wie z

Royal Society of London.

Bibliotheksverband.

Linnean Society.

Royal Geographical Society.

Gesellschaft der Antiquare.

Vereine mit rein lokalem Charakter sind unter dem Namen des Versammlungs- oder Veröffentlichungsortes einzutragen, so werden beispielsweise die Veröffentlichungen der Literary and Philosophical Society of Newcastle-on-Tyne nicht unter „Literatur", sondern unter „Literatur" eingetragen

Newcastle-on-Tyne Literary and Philosophical Society,

ein solcher Eintrag wird natürlich von der Schlagwortüberschrift „Newcastle-on-Tyne" getrennt gehalten.

Es gibt Antiquariats- und andere Gesellschaften, deren Tätigkeitsgebiet ein viel größeres Gebiet abdeckt als den jeweiligen Ort, an dem sie ihre Versammlungen abhalten oder an dem sich ihre Büros befinden, und sie könnten nicht korrekt unter dem Namen des Ortes eingetragen werden. Beispielsweise stammen die Veröffentlichungen der Historic Society of Lancashire and Cheshire aus Liverpool, aber der Ort der Tagung oder Veröffentlichung könnte nach Manchester oder Chester verlegt werden, ohne dass dies die Art oder den Umfang der Arbeit der Society in irgendeiner Weise beeinträchtigt. Daher sollte der Eintrag in einem solchen Fall nicht unter „Liverpool" oder „Historisch" stehen, sondern

Lancashire und Cheshire, Historische Gesellschaft von.

Fast ähnlich sind die Verlagsgesellschaften, die sich mit einem begrenzten Gebiet befassen, wie die Chetham- und die Surtees-Gesellschaft, aber der besonders charakteristische Name regelt die Sache, und die Einträge würden dementsprechend unter diesen Namen erscheinen. Gesellschaften dieser Klasse sind jedoch lediglich Herausgeber von Buchsammlungen, und daher muss jedes Buch zusätzlich zu den Einträgen unter den Namen der Gesellschaften einen separaten Autoreintrag haben. Die Einträge würden wie folgt lauten:

Navy Records Society, Veröffentlichungen der. V. 1-9. la. 8o. 1894-7

Vers 9 Das Tagebuch von Sir George Rooke, Admiral der Flotte, 1700-2; Hrsg. von Oscar Browning.

(Die ersten acht Bände würden an ihrer Stelle genauso gegliedert sein wie der Inhalt gesammelter Werke).

ROOKE , Sir George, *Admiral der Flotte* .

Tagebuch, 1700-2; Hrsg. von Oscar Browning. (*Navy Records Soc.* , v. 9.) 1897

Es würde im Rahmen der meisten Kataloge liegen, alle außergewöhnlich wichtigen Monographien, die zusammen mit oder ergänzend zu den Transaktionen wissenschaftlicher oder anderer Gesellschaften veröffentlicht wurden, unter Autoren und Themen separat einzutragen, aber darüber hinauszugehen und auf diese Weise jeden einzelnen Beitrag zu katalogisieren Solche Transaktionen eröffnen ein so weitreichendes Arbeitsfeld, dass es nicht nötig ist, daran versucht zu werden. Spezialbibliotheken, die nur von besonderen Klassen der Gemeinschaft genutzt werden, müssen entscheiden, wie weit sie in diese Richtung gehen können, je nach ihren jeweiligen Anforderungen und den ihnen zur Verfügung stehenden Mitteln. Mit dem *Catalogue of Scientific Papers* der *Royal Society* wurde in diesem Bereich der Bereitstellung der Inhalte von Transaktionen, Verfahren und Ähnlichem etwas erreicht , aber es gibt noch unendlich viel zu tun, und die Mehrheit der Bibliotheken wird sich dafür entscheiden, auf das Versprochene zu warten Anstatt zu versuchen, den Inhalt aller Transaktionen zu indizieren, die sie gerade in ihren Bibliotheken besitzen, ist es nicht möglich, einen großen *internationalen Katalog wissenschaftlicher Literatur* zu erstellen, obwohl dieser große Katalog bisher nicht weiter als bis zum Konferenz- und Abendessen-Stadium der Zusammenstellung gelangt ist.

Die Veröffentlichungen ausländischer Gesellschaften werden in der Regel unter dem Namen des Landes eingetragen, wenn sie von nationaler Bedeutung sind, oder des Ortes, an dem sie sich treffen, wenn sie von lokaler Bedeutung sind, es sei denn, sie haben einen besonders charakteristischen Titel. Regierungsveröffentlichungen werden unter den Namen der Länder oder Orte eingetragen, z

Frankreich. Chambre des Députés .

Paris. Präfektur de la Seine.

Bildungsbüro der Vereinigten Staaten.

Die Veröffentlichungen der Heimatregierung können auf diese Weise nicht unter einer Überschrift oder einem Titel zusammengefasst werden und müssen unter den Namen der verschiedenen Abteilungen wie Handelskammer, Kommunalverwaltung, Kommission für historische Manuskripte, Wohltätigkeitskommission usw. verteilt werden.

Die Berichte von Kirchenräten und offiziellen Veröffentlichungen religiöser Konfessionen erfordern gelegentlich eine gewisse Beachtung. Wichtige kirchliche Räte wie das Konzil von Trient oder die Westminster Assembly of Divines werden unter den Namen der Versammlungsorte eingetragen, bei konfessionellen Versammlungen, bei denen der Versammlungsort lediglich ein zufälliger Ort ist, muss die Eintragung jedoch unter erfolgen Name der Konfession und nicht der Ort der Versammlung. Beispiele für solche Veröffentlichungen sind

Offizieller Bericht des Kirchenkongresses, Cardiff, 1889.

Bericht über die Verhandlungen der Presbyterian Alliance in Philadelphia, 1880.

Protokoll des jährlichen Treffens der Freunde in London, 1896.

und die Form der Eingabe ist

Kirche von England. Offizieller Bericht des Kirchenkongresses, Cardiff, 1889.

Presbyterianische Allianz. Verfahrensbericht, Philadelphia, 1880.

Freunde, Gesellschaft von. Protokoll der jährlichen Versammlung, London, 1896.

Auf die gleiche Weise werden Berichte oder Veröffentlichungen bestimmter Gesellschaften, die sich zu jährlichen oder gelegentlichen Kongressen treffen, wie etwa Freimaurer, Gute Templer, Gewerkschaften oder Berufsverbände, unter den Namen der Gesellschaften eingetragen, unabhängig vom Ort der Tagungen.

70. – Es gibt noch eine Form des Haupteintrags, die in Betracht gezogen werden muss, und zwar wenn es keinen Autor, Herausgeber oder Compiler gibt, dessen Name verwendet werden kann und ein Titeleintrag zu einem Haupteintrag wird. Die gebräuchlichste Form sind Zeitungen, Zeitschriften und Zeitschriften. Diese werden stets unter dem ersten Wort des Titels, nicht eines Artikels, und niemals unter dem Namen des Herausgebers eingetragen.

Angegeben sind der erste und letzte Band der in der Bibliothek enthaltenen Reihe mit dem frühesten und spätesten Datum (*also Jahren*).

Chambers's Journal, Vers 1-20. la. 8o. 1854-64

Strandmagazin. Abb. V. 1-14. la. 8o. 1891-7

Zeiten, Die. 47 v. la. fo . 1881-91

Wenn die Reihe unvollständig ist, müssen die gewünschten Bände durch den Eintrag angezeigt werden, als

Chambers' Edinburgh Journal. Neue Ser., V. 9-15, 17, 19-20. la. 8o. 1848-54

Dies zeigt, dass sich die Bände 1 bis 8, 16 und 18 nicht in der Bibliothek befinden.

71. – Eine andere Form der Haupttiteleintragung ist die für die heiligen Bücher, insbesondere für die Bibel in ihren verschiedenen Ausgaben und Übersetzungen. Es ist üblich, alle Ausgaben der vollständigen Schriften oder von Teilen davon in allen Sprachen unter dem Wort „Bibel" einzutragen, wobei die Einträge zunächst in dieser Reihenfolge angeordnet werden:

1 Altes und Neues Testament (ob einschließlich der Apokryphen oder nicht).

Nur 2 Altes Testament.

3 Teile des Alten Testaments.

4 Neues Testament.

5 Teile des Neuen Testaments.

Jede dieser Abteilungen ist dann nach Sprachen geordnet und jede der Sprachen wiederum chronologisch nach der Ausgabe. Wenn eine Bibliothek eine angemessene Sammlung von Versionen und Ausgaben der heiligen Schriften enthält, sollte man sich auch an die Regel halten, diejenigen in den Originalsprachen zuerst zu platzieren, aber in einer durchschnittlichen englischen Bibliothek wird es am bequemsten sein, damit anzufangen die englischen Versionen, gefolgt von denen in den Originaltexten und danach mit denen in anderen modernen Sprachen als Englisch. Die Einträge würden dem folgenden Stil folgen, jedoch mit so ausgeprägten bibliografischen Angaben, wie sie je nach Bedeutung und Interesse der Sammlung wünschenswert sein könnten.

BIBEL, DIE

Altes und Neues Testament.

Englisch. Die Bibel in englischer Sprache gemäß der Übersetzung des großen Byble . 1561

— Die Parallelbibel. Die Heilige Bibel: die autorisierte Version, die in parallelen Spalten zur überarbeiteten Version angeordnet ist. 1885

Französisch. Die heilige Bibel. Ed. Osterwald . 1890

Altes Testament.

Griechisch. Die Septuaginta-Version des Alten Testaments; mit einer englischen Übersetzung, Anmerkungen usw. nd

Diese Anordnung und Unterteilung gilt nur für den Text und auch nur dann, wenn es sich bei der Ausgabe lediglich um eine Fassung oder Übersetzung handelt und kein Kommentar beigefügt ist. Kommentare werden wie jedes andere Originalwerk behandelt und unter dem Namen des Autors eingetragen, es sei denn, sie haben zufällig kollektiven Charakter, wie z. B. *die Cambridge-Bibel für Schulen und Hochschulen* ; Hrsg. von Perowne , wenn der Haupteintrag unter „Bibel" (*Thema* -Unterabteilung „Kommentare") wäre, vorzugsweise in „Cambridge-Bibel", wobei der Inhalt jedes Bandes der Reihe nicht alphabetisch, sondern in der Reihenfolge aufgeführt ist die Bücher der Bibel, wie

BIBEL, DIE :

Kommentare.

Cambridge-Bibel für Schulen und Hochschulen; Hrsg. von Perowne .

Altes Testament.

Joshua, von GF Maclear. 1887

Richter, von JJ Lias . 1886

Esra und Nehemia, von HE Ryle. 1893

Ein Querverweis wäre von erforderlich

Cambridge-Bibel für Schulen usw. *Siehe* Bibel (Kommentare)

und, wenn es wünschenswert wäre, könnten in dieser Form Referenzen mit den Namen der Herausgeber angegeben werden

Maclear, GF *Siehe* Bibel (Cambridge Bible).

72. – Manchmal sind die Kommentare in einer Reihe so wichtig oder so beschaffen, dass jeder praktisch ein Buch ist, ganz abgesehen von seinem Platz als Teil der Reihe. Die Bände der *Expositor's Bible* , herausgegeben von

W. Robertson Nicoll, gehören zu dieser Klasse, und obwohl sie zunächst wie in der *Cambridge Bible* oben gezeigt behandelt werden sollten, reicht eine bloße Bezugnahme unter den Namen des Autors kaum aus – Sie sind nicht nur Herausgeber wie in der *Cambridge Bible-* Reihe – daher sind neben diesem Haupteintrag unter der Bibel auch Einträge wie erforderlich

Farrar, FW, *Dekan* . Das erste Buch der Könige. (*Auslegerbibel*). 1893

— Das zweite Buch der Könige. (*Auslegerbibel*). 1894

— Das Buch Daniel. (*Auslegerbibel*). 1895

oder in einem prägnanteren Stil

Farrar, FW, *Dekan* . Bibel des Auslegers:

I. und II. Könige. 2 v. 1893-4

Daniel. 1895

Obwohl es unter den Bemerkungen zu den Themenüberschriften richtiger wäre, sei hier nebenbei angemerkt, dass Kommentare in einer Reihe als ein einzelnes Buch betrachtet werden und nicht separat unter dem Namen jedes Buches der Bibel im gesamten Katalog aufgeführt werden, daher die oben genannten Punkte hätte keine Einträge unter „Könige" oder „Daniel". Wenn Dekan Farrar jedoch ein separates Werk über das Buch Daniel verfasst hätte, sollte es unter „Daniel" und nicht unter „Bibel" eingetragen werden. Daher fallen Kommentare oder andere Werke zur gesamten Bibel, wie die gesamte Reihe der Expositor's Bible, unter „Bibel", wenn sich die Kommentare jedoch mit dem Alten oder Neuen Testament oder einem bestimmten Buch der Bibel separat befassen, handelt es sich um solche Werke werden unter der Überschrift „Altes Testament", „Neues Testament" bzw. unter dem Namen des jeweiligen Buches, um das es geht, und nicht unter der Überschrift „Bibel", wie im Fall des Textes allein, platziert , oder ein Teil davon. Es gibt sogar Ausnahmen von dieser Regel in Bezug auf Übersetzungen, wenn sie speziell sind und insbesondere wenn sie von einer Erläuterung begleitet werden, wie in einem Fall wie diesem

JOWETT , Benjamin. Die Briefe des heiligen Paulus an die Thessalonicher, Galater und Römer. 3. Aufl., Aufl. und zusammengefasst von Lewis Campbell. 2 v. 1894

V. 1, Übersetzung und Kommentar.

V. 2, Essays und Dissertationen.

Dieses Werk würde nicht unter „Bibel" als Thema, sondern entweder unter „Paulus, St." eingetragen werden. (wobei alle Bücher zu seinen Briefen, die nicht Teil eines allgemeinen Kommentars sind oder keine anderen Teile der Bibel einschließen, durchaus gruppiert werden könnten) oder unter den Namen der Kirchen, an die die Briefe gerichtet waren, wie z

Thessalonicher, Paulusbriefe an die.

In beiden Fällen wäre ein Querverweis unter der Überschrift „Bibel", Unterabschnitt „Kommentare", erforderlich, also:

Bibel.

Kommentare.

Siehe auch Paul, St.

oder

Siehe auch Thessalonicher.

73. – Das Ausmaß, in dem Herausgeber und Übersetzer bei der Katalogisierung berücksichtigt werden müssen, ist ein sehr wichtiger Faktor, hängt aber auch weitgehend von den Anforderungen des Einzelfalls ab. In großen Referenzbibliotheken, die hauptsächlich für die Nutzung durch Wissenschaftler bestimmt sind, sollte es als selbstverständlich angesehen werden, dass jeder Name, der auf einer Titelseite erscheint, sei es als Autor, Herausgeber, Übersetzer, Compiler oder Bearbeiter, zur Kenntnis genommen wird und einen vollständigen Eintrag erhält oder als Querverweis. Aber für eine durchschnittliche Bibliothek und insbesondere Leihbibliotheken wäre es eine Energie- und Platzverschwendung, dieses System zu übernehmen und vollständig umzusetzen. Also ein Werk wie

Einfache Auswahl nach Xenophon; mit Vokabular, Notizen und einer Karte von J. Surtees Phillpotts und CS Jerram.

würde im ersteren Fall Verweise von Phillpotts und Jerram auf Xenophon enthalten, unter denen der Haupteintrag erscheinen sollte. In den meisten Fällen reicht jedoch ein einzelner Eintrag aus, z

XENOPHON. Einfache Auswahl; angepasst usw. von Phillpotts und Jerram.

Andererseits gibt es berühmte Übersetzungen oder Ausgaben, die unbedingt unter dem Namen des Übersetzers oder Herausgebers eingetragen sein sollten, z

Chapman, George. Homers Ilias und Odyssee.

Jowett, Benjamin. Die Republik Platon.

Dies sind Fälle, in denen zwei Haupteinträge vorteilhaft sein könnten, erstens unter „Homer" und „Plato" und zweitens unter „Chapman" und „Jowett", wie oben.

Fast in die gleiche Kategorie fallen jene Bücher, die von einem Herausgeber so weit überarbeitet und erweitert wurden, dass nur noch wenig vom Werk des ursprünglichen Autors übrig bleibt. Manchmal sind die Überarbeitungen und Ergänzungen möglicherweise nicht so umfangreich, aber dennoch wichtig genug, um einen separaten Eintrag unter dem Namen des Überprüfers zu erhalten. Beispiele hierfür sind

PRESCOTT, Wm. H. Geschichte der Herrschaft Kaiser Karls V., von Wm. Robertson, erweitert um WHP

TILDEN, Wm. A. Watts' Handbuch der Chemie. V. 2, Organische Chemie. 2. Aufl. 1886

Diese Einträge ergänzen die Einträge unter „Robertson" und „Watts".

74. – Es kommt gelegentlich vor, dass ein einleitender Aufsatz oder eine biografische oder kritische Einleitung zu einem Buch so wertvoll ist, dass es einen separaten Eintrag wert ist

COURTHORPE, Wm. J. Leben von Alexander Pope. (Papstwerke, Vers 5.) 1889

Der sorgfältige Katalogisierer wird diese wichtigen Punkte selten übersehen, obwohl es allzu oft vorkommt, dass Büchergruppen in einem Katalog zusammengefaßt werden, ohne auch nur die geringste Rücksicht auf Details dieser Art zu nehmen, was ihn unvollständig macht und die Bibliothek somit weniger nützlich macht.

KAPITEL VIII.
THEMA, TITEL UND SERIENEINTRÄGE.

75. – Nachdem die Form des Autoreintrags oder seines Äquivalents geklärt ist, erfordert der Betreffeintrag nun Aufmerksamkeit. Die Wichtigkeit des Eintrags des Autors ist anerkannt, aber Bibliothekaren ist wohlbekannt, dass, abgesehen von Belletristik, die meisten Anfragen in Bibliotheken eher nach Büchern zu einem bestimmten Thema oder nach einer speziellen Kategorie von Literatur gestellt werden als nach die Werke eines bestimmten Schriftstellers, wobei die Zahl der Menschen, die viele Autoren kennen, nicht so zahlreich ist, wie man annehmen könnte. Daher ist es bei allen Katalogisierungsarbeiten unerlässlich, den Themen größtmögliche Aufmerksamkeit zu widmen. Jeder behandelte Band sollte gründlich untersucht werden, um allgemein die Art seines Inhalts und insbesondere das Thema oder die Themen, die er behandelt, festzustellen. Dieser Weg sollte in jedem Fall weiterverfolgt werden, auch wenn das Thema auf der Titelseite so klar definiert ist, dass es reine Zeitverschwendung wäre, über die dort gemachte Aussage hinauszugehen, sonst lauern die „Fallstricke", die im Katalog liegen Weg lässt sich nicht vermeiden. Außerdem kann es sein, dass ein besonders wertvolles Merkmal des Buches in einem Anhang versteckt ist oder dass es sich sogar um ein separates Buch handelt, das im selben Einband gebunden ist und auf der ersten Titelseite nicht preisgegeben wird.

76. – Wenn das Thema des Buches eindeutig festgestellt wurde, wird ein Eintrag aus dem Buch selbst oder aus dem bereits verfassten Haupteintrag unter dem Namen des direkten und eindeutigen *Themas* des Buches und nicht unter der Kategorie Literatur vorgenommen zu welcher es gehört oder sogar die Form, in der es geschrieben ist. Es ist von größter Bedeutung, dass der Katalogisierer sich auf jeden Fall für einen bestimmten Schlagwortnamen entscheidet, den er übernehmen möchte, um den in Katalogen häufig vorkommenden Fehler mit synonymen Schlagworten zu vermeiden. Sobald dies beschlossen ist, werden künftige Fehler verhindert, wenn sofort ein Querverweis geschrieben und sortiert wird, wobei die erste Reihe von Zetteln alphabetisch sortiert wird, während er gleichzeitig als Hinweis in die richtige Richtung dient, indem er verhindert, dass Bücher zu einem einzelnen Thema darunter platziert werden zwei Überschriften. Also, wenn das Buch in der Hand ist

NEWTH, Samuel. Ein erstes Buch der Naturphilosophie. S. VIII., 136, Abb. sm. 8o. 1867

und der Katalogisierer sich für die Überschrift „Physik" entschieden hat, wird er gleich einen Querverweis verfassen

Naturwissenschaft. *Siehe* Physik.

Wenn man es in die alphabetische Reihenfolge einordnet, weist man darauf hin, dass, falls versehentlich Zettel unter „Naturphilosophie" geschrieben wurden, die gewählte Überschrift „Physik" lautet und dass die Einträge entsprechend geändert und angeordnet werden müssen. Der Betreff-Eintrag wäre in diesem Fall

Physik:

Newth , S. Erstes Buch der Naturphilosophie. 1867

An dieser Stelle sei darauf hingewiesen, dass unter der Betreffüberschrift der Nachname des Autors angibt, da er zum Haupteintrag führt, in dem die ausführlichsten Angaben zum Buch zu finden sind. Daher ist es äußerst ungewöhnlich, die Sortierung, den Umfang und andere Angaben anzugeben Informationen in allen Untereinträgen. Es empfiehlt sich jedoch, in jedem Eintrag das Datum der Veröffentlichung anzugeben, außer bei Belletristikwerken unter den in Absatz 24 genannten Umständen.

77. – Die Formen der Themeneinträge in Wörterbuchkatalogen lassen sich anhand von Beispielen mit Erläuterungen viel besser veranschaulichen als durch Aussagen allein, und aus diesem Grund werden eine Reihe gewöhnlicher Bücher aufgeführt, die nicht aufgrund ihrer Schwierigkeit ausgewählt werden. Diese sind im Wörterbuchsystem vollständig ausgearbeitet und jeweils mit dem Haupteintrag versehen, so dass die komplette Eintragsreihe ersichtlich ist. Es werden auch die Schriftstile gezeigt, die im Druck üblicherweise zur Kennzeichnung von Unterscheidungen verwendet werden.

ABNEY , W. de W.

Farbmessung und -mischung. (*Romance of Science Ser.*) S. 207, Abb. sm. 8o. 1891

Farbe .

Abney, W. de W. Farbmessung und Mischung. 1891

Romance of Science-Reihe:

Abney, W. de W. Farbmessung und Mischung. 1891

Wissenschaft.

Siehe auch Romance of Science-Reihe.

Es ist eine ausgezeichnete Regel, zu befolgen, dass ein Thema mindestens zwei Bücher enthalten muss, bevor es Anspruch auf eine „Überschrift" hat, wie sie im zweiten der oben genannten Einträge enthalten ist. Falls die

Bibliothek zum Zeitpunkt der Übermittlung der „Kopie" an die Druckerei nur über dieses eine Buch zu diesem Thema verfügt, würde es auf die Titelform reduziert werden

Farbmessung und -mischung. Abney, W. de W. 1891

78. – Der dritte Eintrag steht unter dem Namen der Serie. Wenn der Platz ausschlaggebend ist und nur kurze Einträge angegeben werden können, kann der Katalogisierer entweder den Namen der Serie aus dem Haupteintrag weglassen und die Einträge unter der Titelüberschrift der Serie beibehalten, oder er kann den Vorgang umkehren und diesen weglassen dritter Eintrag, wie er es für am zweckmäßigsten hält, aber wenn möglich sollten beide beibehalten werden, da sie nützliche Informationen liefern – im ersten Eintrag, der zeigt, dass das Buch zu einer bestimmten Reihe gehört, und dadurch eine Vorstellung von seinem Charakter und Umfang vermittelt, Tatsächlich wäre es aus dem gleichen Grund nicht verkehrt, es in den zweiten Eintrag aufzunehmen, und das dritte Eintragsformular liefert eine Liste der Bücher dieser bestimmten Reihe in der Bibliothek.

79. – BAILLON , Henry E. Die Naturgeschichte der Pflanzen; übers. von Marcus M. Hartog. Abb. 8v. la. 8o. 1871-88

Dieses Werk sollte weder unter „Naturgeschichte" noch unter „Pflanzen" eingeordnet werden, wie manche vielleicht annehmen, da sein Thema „Botanik" ist und die weiteren Einträge daher dort wären

Botanik:

Baillon , HE Die Naturgeschichte der Pflanzen. 8v. 1871-88.

Pflanzen. *Siehe* Botanik.

HARTOG , Marcus M. (*Übers.*) *Siehe* Baillon , HE

Neben der Kürzung der Angaben im bereits gezeigten Haupteintrag werden in allen Untereinträgen die Vornamen der Autoren auf einfache Anfangsbuchstaben reduziert und die Namen der Übersetzer und Herausgeber weggelassen. Es ist wichtig, den Unterschied zwischen „ *Siehe* " und „ *Siehe auch* " in Querverweisen zu beachten ; Das erste würde, wie bereits erwähnt, verhindern, dass Einträge unter der Schlagwortüberschrift platziert werden, in der es angegeben ist, aber das zweite soll zu geringeren oder eng verwandten Unterteilungen des Themas führen, unter dem es erscheint. Wenn der Katalog zum Druck bereit ist, kann es sein, dass mehrere dieser *Siehe auch unter einer einzigen Überschrift stehen , wenn sie in einem Eintrag zusammengefasst werden sollen, wie in der folgenden Abbildung, wo neun auf diese Weise zusammengefasst sind*

Botanik.

Siehe auch Algen . Kryptogamie . Farne. Blumen. Pilze. Gräser. Flechten. Moose. Bäume.

Natürlich dürfen Verweise jeglicher Art niemals im Vorfeld gemacht werden, sondern in dem Moment, in dem das Buch, auf das sie sich beziehen, katalogisiert wird; Andernfalls entsteht eine Reihe von Verweisen, die nirgendwohin führen, wie es im obigen Beispiel der Fall wäre, wenn die Bibliothek keine Bücher über Algæ oder die anderen genannten Themen hätte.

80. – TAYLOR , Wm. (*von Norwich*). Historischer Überblick über die deutsche Lyrik. 8 v. 80. 1828-30

Die Themeneinträge für ein Buch wie dieses erfordern sorgfältige Überlegung. Ein Titeleintrag unter „Historisch" ist nicht sinnvoll, da das Thema im vollständigen Titel klar definiert ist. Es muss jedoch eine Auswahl der Überschriften getroffen werden, unter denen die Einträge erfolgen sollen. Der Geist wird zwischen einigen davon schwanken:

Deutsche Lyrik.

Poesie, deutsch.

Deutsche Literatur.

Literatur, Deutsch.

Deutschland. (Unterabteilung Literatur)

und von einer richtigen Entscheidung hängt die Nützlichkeit und Richtigkeit des Katalogs ab, da es möglich ist, dass andere Einträge später davon betroffen sein werden. Eine genaue Analyse zeigt, dass sich das Buch speziell mit dem erstgenannten Thema befasst, es jedoch so eindeutig Teil des drittgenannten ist, dass es berechtigt ist, in irgendeiner Form darunter zu fallen, sei es durch Eintrag oder Querverweis. Zwar hat das Buch, wenn man es logisch betrachtet, keinen uneingeschränkten Anspruch auf Aufnahme in die Rubrik „Deutsche Literatur", da es sich nur um poetische Literatur handelt, aber es kann davon ausgegangen werden, dass ein Buch mit dem Titel „Historisch „Überblick über die deutsche Prosa" würde ohne große Fragen unter eine solche Überschrift gestellt werden; und da Konzentration und Zweckmäßigkeit etwas zählen und oft von größerer Bedeutung sind als buchstäbliche Genauigkeit, könnten die Einträge durchaus wichtig sein

Deutsche Literatur.

Taylor, W. Historischer Überblick über die deutsche Poesie. 8 v. 1828-30.

Deutsche Lyrik. *Siehe* Deutsche Literatur.

Die Einträge würden unter strenger Einhaltung der Regeln katalogisiert

Deutsche Lyrik, Historischer Überblick über. Taylor, W. 3 v. 1828-30

mit einer möglichen Referenz:

Deutsche Literatur.

Siehe auch deutsche Lyrik.

Die zweite und vierte Überschrift würden nicht gewählt, da sich das Buch weder mit „Poesie" noch mit „Literatur" im Allgemeinen oder abstrakt befasst und es viel besser ist, diese Überschriften für Bücher dieser Art oder anderer Art zu reservieren Art, Bücher über die Literatur bestimmter Länder unter ihrem unverwechselbaren Namen zu veröffentlichen. Wer ein Buch über deutsche Literatur sucht, wird sich eher an „Deutsch" als an „Literatur" wenden. Ein allgemeiner Querverweis wird die Möglichkeit eines Irrtums ausschließen

Literatur.

Siehe auch die Namen nationaler Literaturen wie Englisch, Französisch, Deutsch, Griechisch, Latein.

81. – Die fünfte Überschrift ist lediglich eine andere Form der dritten Überschrift, wird aber unter den anderen angegeben, weil in den größeren Katalogen von Referenzbibliotheken oft die Gesamtheit der Bücher über ein bestimmtes Land unter dem Namen des Landes zusammengefasst ist. Diese sind wiederum zur besseren Übersichtlichkeit entsprechend der Anzahl der Einträge unter der Überschrift unterteilt, und zwar in Unterteilungen wie diese:

Antiquitäten, Architektur und Kunst.

Beschreibung und soziales Leben.

Ausbildung.

Geschichte und Politik.

Religion.

Verschiedenes.

82. – Das nächste Buch, das bekannt gegeben wird, ist

BOOTH, Wm. (*„General" der Heilsarmee*). Im dunkelsten England und dem Ausweg. S. 285, xxxi, Frontis . la. 80. [1890]

Ob ein Titeleintrag erforderlich ist, kann bezweifelt werden, aber da der Titel des Buches rätselhaft ist, ist es sicherer, einen anzugeben. Die Regel für alle Titeleinträge besteht darin, ihnen unter dem ersten Wort keinen Artikel zu geben, und das wäre dementsprechend auch der Fall

Im dunkelsten England. Booth, W. [1890]

aber die Wahrscheinlichkeit ist, dass neun von zehn Männern sich an das Buch als „Darkest England" erinnern und unter „Darkest" danach suchen würden, und daher könnte es nützlicher sein, wenn der Eintrag so wäre

Das dunkelste England, In. Booth, W. [1890]

83. – Das Thema des Buches erfordert, dass es unter jeder Überschrift eingeordnet wird, die beispielsweise für die soziale Frage verwendet werden kann

Schlechte und schlechte Erleichterung.

Booth, W. Im dunkelsten England. [1890]

Eine Eintragung unter „England" ist nicht erforderlich, es sei denn, alles, was sich direkt oder indirekt auf das Heimatland bezieht, soll unter dieser Überschrift oder „Großbritannien" zusammengefasst werden. Wenn dies so ist und getreu und wörtlich ausgeführt werden soll, wird es so umfangreich werden, dass eine sehr ausführliche Unterteilung erforderlich ist, und selbst dann wird es im Katalog einer britischen Bibliothek zumindest aufgrund seines Umfangs ausreichen wenig praktischer Wert. In großen Katalogen würde es keinen großen Vorteil bringen, eine Seite nach der anderen zu füllen, und deshalb ist es am besten, den Eintrag wie gezeigt unter dem genauen Thema zu machen und „England" zu ignorieren, wenn das Buch das Land im Allgemeinen und nicht im Besonderen behandelt Ecke davon. Nach diesem Plan würde ein Buch über die „Armen von Essex" sowohl unter „Essex" als auch unter „Arme" eingetragen, aber Bücher wie

Ruskin. Die Kunst Englands.

Stephan. Allgemeine Ansicht des Strafrechts Englands.

Hobkirk . Britische Moose.

Fairholt . Kostüm in England.

Oliphant. Literaturgeschichte Englands.

Grün. Kurze Geschichte des englischen Volkes,

werden ausreichend behandelt, wenn sie, abgesehen vom Autoreintrag, unter „Kunst", „Recht", „Mosses", „Kostüm", „Englische Literatur" und

„Englische Geschichte" erscheinen und die Überschriften „England" belassen " und „Großbritannien" für Bücher, die das Land im Allgemeinen und nicht einen besonderen Aspekt davon *beschreiben* . Wie bereits gezeigt, sollten Bücher auch über Besonderheiten *anderer Länder* unter dem jeweiligen Ländernamen eingetragen werden. In den meisten Fällen ist es auch wünschenswert, ja sogar notwendig, den Betreff ebenfalls einzutragen. So sind die doppelten Themeneinträge von Büchern, wie z

Griffis . Die Religionen Japans.

Perkins. Historisches Handbuch der italienischen Bildhauerei.

Grau. Vögel im Westen Schottlands.

würde unter „Japan" und „Religionen", „Italien" und „Skulptur" sowie „Schottland" und „Vögel" stehen. Wenn für beide Einträge kein Platz zur Verfügung steht, müsste die Wahl der besten Einzelthemenüberschrift nach eigenem Ermessen getroffen werden, und es würde sich herausstellen, dass für die oben genannten Themen „Japan", „Skulptur" und „ Vögel."

In Katalogen größerer Bibliotheken würde eine Überschrift wie „Vögel" so viele Elemente enthalten, dass sie zur leichteren Bezugnahme unterteilt werden sollte, zunächst die Bücher über Vögel im Allgemeinen, gefolgt von Büchern über die Vögel bestimmter Länder oder ähnlicher Orte oben genannten Vogelarten im Westen Schottlands. Die Anordnung unter der allgemeinen Unterteilung würde alphabetisch nach Autoren erfolgen, es hat sich jedoch als zweckmäßig erwiesen, die „Lokalen" nach dem Namen des Ortes ebenfalls alphabetisch auf diese Weise zu ordnen

Vögel.

Länder und lokal.

Afrika, Süden, Vögel von. Layard, EL

Asien, Vögel von. Gould, J.

Britisch. Unsere selteneren Vögel. Dixon, C.

Geschichte der britischen Vögel. Seebohm, H.

Schottland. Vögel im Westen Schottlands. Gray, R.

84. – Ob die Verwendung wissenschaftlicher Begriffe für Themenüberschriften in Katalogen wünschenswert ist oder nicht, wird vollständig von den Personen bestimmt, für die die Bibliothek bestimmt ist. In einer Bibliothek, die von allen Klassen der Gemeinschaft genutzt wird, ist der einfachere und bekanntere Begriff der beste, und daher ist „Vögel" der

„Ornithologie", „Fische" der „Ichthyologie" und „Insekten" der „Entomologie" vorzuziehen. " In einer Bibliothek einer Hochschule oder einer wissenschaftlichen Einrichtung würde sich möglicherweise die umgekehrte Methode als die beste erweisen, aber es ist wichtig, dass vollkommene Einheitlichkeit gewahrt bleibt, egal für welche Form man sich entscheidet, da es in manchen Fällen etwas lächerlich wäre, wissenschaftliche Begriffe und populäre Namen zu verwenden Andere. Der Querverweis ist in jedem Katalogstil äußerst nützlich, da er somit alle Zweifel beseitigt

Vogelkunde. *Siehe* Vögel.

Kataloge, die nach sehr genauen Richtlinien zusammengestellt wurden, reservieren gelegentlich den populären Namen für Bücher populärer oder sonstiger Art und den wissenschaftlichen für diejenigen, die für den Wissenschaftler bestimmt sind, aber die Trennlinie zwischen den beiden Buchklassen ist nicht immer klar zu erkennen, und es ist viel Besser ist es, alles unter derselben Überschrift zusammenzufassen und etwaige Unterschiede im Charakter der Bücher durch Unterteilung zu kennzeichnen.

In einigen wenigen Fällen ist die Verwendung des wissenschaftlichen Begriffs unvermeidlich, da es möglicherweise keinen passenden populären Namen gibt. Beispielsweise wäre es nicht korrekt, ein Buch über Süßwasseralgen unter der Überschrift „Algen" zu platzieren , und ein Buch über Tunicata *kann* unter keinem anderen Namen geführt werden. Es sei noch einmal betont , dass in einem Wörterbuchkatalog ein Buch unter seinem *bestimmten* Fachgebiet und niemals unter seiner Klasse oder seinem allgemeinen Fachgebiet eingetragen ist. Also ein Buch wie

Weiß, WF Ameisen und ihre Wege,

kommt nicht unter „Insekten" oder gar „Hymenopteren", sondern direkt unter „Ameisen", obwohl ein Buch wie

Lubbock, Sir John. Ameisen, Bienen und Wespen.

würde in den Katalog einer wissenschaftlichen Bibliothek ausreichend eingetragen sein, wenn er unter „Hymenoptera" platziert wäre, aber im Katalog einer populären Bibliothek sollte er unter allen drei Namen, „Ameisen", „Bienen" und „Wespen", genau wie ein Buchartig

Meyrick, E. Britische Schmetterlinge.

ist besser unter „Schmetterlinge" und „Nachtfalter" mit Querverweis zu platzieren

Schmetterlinge. *Siehe* Schmetterlinge. Motten.

Es wäre jedoch Platzverschwendung, auf ein so umfangreiches Werk einzugehen

Bath, WH Ameisen, Bienen, Libellen, Ohrwürmer, Grillen und Fliegen.

unter jedem von ihnen, denn auch wenn die Schmetterlinge, Motten und Käfer weggelassen werden, wäre es gut genug, wenn es unter „Insekten" eingetragen würde.

Da es ein wohlverstandener Grundsatz ist, dass ein Buch genau dem Thema zugeordnet werden muss, das es behandelt, fällt auch ein Werk über die Naturgeschichte der Tiere unter den populären Begriff „Naturgeschichte" und kann so genannt werden sein Autor, als

Lydekker, Richard (*Hrsg.*) Die königliche Naturgeschichte. Abb. 6 v. la. 8o. 1893-6

Aus Sicht des Katalogisierers wäre es jedoch nicht ganz richtig, es unter „Naturgeschichte" einzutragen, da dieser Begriff eigentlich sowohl die Flora als auch die Fauna umfasst und die Überschrift daher entweder „Zoologie" oder „Tiere" lauten sollte. Der letzte Begriff wird häufig Büchern vorbehalten, die sich nur mit Tieren befassen, mit Ausnahme von Vögeln, Reptilien usw., sowie Büchern über Tiere, die nicht aus der Sicht eines Naturforschers geschrieben wurden. Die Richtigkeit wird wiederum durch Querverweise sichergestellt, z

Naturgeschichte der Tiere. *Siehe* Zoologie.

Tiere, Naturgeschichte von. *Siehe* Zoologie.

85. – Die nächsten Bücher werden ausgewählt, um die unterschiedliche Behandlung von Werken mit ähnlichem Charakter aufzuzeigen:

Milman, Henry H., *Dekan*. Annalen der S. Paul's Cathedral. 2. Aufl. S. xiv, 540, Ports., Abb. 8o. 1869

Loftie, WJ Kensington Palace, S. 76, Abb. 8o. 1898

Hiatt, Charles. Die Kathedrale von Chester. (*Bell's Cathedral Ser.*) S. VIII, 96, Abb. sm. 8o. 1897

Routledge, CF Die Kirche St. Martin, Canterbury. S. 101, Abb. sm. 8o. 1898

Gebäude mit eher nationalem als lokalem Charakter in London werden unter dem Namen des Gebäudes und nicht unter Angabe des Ortes eingetragen

St. Pauls Kathedrale.

Milman, HH Annals of S. Paul's Cathedral. 1869

es sei denn, der Ort ist im Titel als verkörpert

Kensington-Palast. Loftie, WJ 1898

Keines dieser Bücher sollte unter der Überschrift „London" stehen, es kann jedoch ein Querverweis angegeben werden:

London.

Siehe auch die Namen von Gebäuden, wie Kensington Palace, St. Paul's Cathedral.

Die anderen Bücher sollten mit dem Namen des Ortes beginnen, an dem sich das Gebäude befindet, allerdings nicht unter der Ortsüberschrift, da es sich nicht um Bücher über Chester oder Canterbury handelt. Daher ist das Formular

Chester, Die Kathedrale von. Hiatt, C. 1897

Canterbury, Die Kirche St. Martin. Routledge, CF 1898

oder kürzer:

Kathedrale von Chester. Hiatt, C. 1897

Canterbury, St. Martins Kirche. Routledge, CF 1898

Nach dem gleichen Prinzip wird die Geschichte einer Londoner Gemeinde nicht unter „London" eingetragen, sondern unter ihrem jeweiligen Namen mit einem Querverweis von London auf die Orte, wie z

London.

Siehe auch die Namen der Gemeinden, wie Chelsea, Kensington, Southwark, Westminster.

Monographien über Bauten von nationaler Bedeutung im Ausland werden jedoch immer unter dem Namen der Stadt eingetragen, in der sie sich befinden, und nicht unter dem Namen des Gebäudes. Arbeitet an der Eintragung von St. Markus, Venedig oder Notre Dame de Paris unter Venedig bzw. Paris

Venedig, Markusplatz.

Paris, Notre-Dame.

Auf Details dieser Art zu achten, ist keine „Haarspalterei", wie der Neuling vielleicht annehmen möchte – es ist das Wesentliche einer guten Katalogisierung. Selbst bei größter Sorgfalt kann sich der Katalogisierer durchaus beglückwünschen, wenn seine Arbeit am Ende, und insbesondere im Druck, fehlerfrei herauskommt, denn den vollkommenen Katalog, der absolut fehlerfrei ist, hat man noch nicht gesehen.

KAPITEL IX.
THEMA, TITEL UND SERIENEINTRÄGE (*Fortsetzung*).

86. – Es sind noch andere Arten von Doppel- oder Dreifacheinträgen zu berücksichtigen. Ein Buch wie z

BAKER , WR

Unmäßigkeit ist der Götzendienst Großbritanniens. 3. Aufl. S. 62. sm. 8o. nd

hat nicht den Anschein von Schwierigkeiten, wie es bei der Unmäßigkeit so offensichtlich der Fall ist, aber die Frage der Konzentration von Büchern, die *für* und *gegen* ein solches Thema wie dieses sprechen, muss untersucht werden. Es ist höchst unerwünscht, einen Anfragenden zu mehreren Rubriken zu schicken, um alle Bücher zum Thema „Getränkefrage" zu finden. Um sie effektiv zusammenzufassen, wird die Überschrift zu einer Klasse und nicht zu einem Fach entwickelt , aber trotzdem hat sie mehr Berechtigung als die Gruppierung beispielsweise „Naturgeschichte", weil es sich deutlicher um ein einzelnes Fach handelt, das von mehreren Standpunkten aus betrachtet wird, und „Mäßigkeit" kann zwar nicht „Unmäßigkeit" sein, doch die Zusammenführung der beiden Aspekte der Frage trägt mehr zum Nutzen des Katalogs bei, als Bücher mit diesen Wörtern auf ihren Titelseiten unter verschiedenen Überschriften zu trennen. Bei der Untersuchung dieser Angelegenheit wurde das Thema in einem guten Katalog weiterverfolgt, der nach streng orthodoxen Grundsätzen zusammengestellt wurde und unter Überschriften wie Alkohol, Alkohol, Trunkenheit, Teetotalismus, Mäßigkeit, völlige Abstinenz, lizenzierte Opferläden , Gaststätten, Sonntag bis zum Ende gefunden wurde Trinken. Die meisten Bücher unter diesen verschiedenen Überschriften hätten sinnvollerweise unter einer allgemeinen Überschrift wie „Trinkfrage" zusammengefasst werden können, mit Querverweisen zu den anderen Themen, um das Ganze vor Fehlern zu schützen. Es gibt andere Fragen, auf die man sich auf diese Weise konzentrieren kann, wie zum Beispiel Bücher über Freihandel, fairen Handel, Gegenseitigkeit und Schutz, die alle sicher unter „Freihandel" mit Referenzen der anderen eingetragen werden können.

Manche Bücher hingegen müssen mehrere Einträge haben, z

Ruddock, EH Moderne Medizin und Chirurgie nach homöopathischen Prinzipien. 1874

erfordert drei Einträge, nämlich unter „Medizin", „Chirurgie" und „ Homöopathie ". Die einzige Möglichkeit, dies zu vermeiden, wäre, das Buch unter „ Homöopathie " einzutragen, mit Querverweisen aus den anderen Rubriken, z

Medizin. *Siehe auch* Homöopathie .

In einer kleinen allgemeinen Bibliothek wäre es möglich, alle Bücher zu so eng verwandten Themen wie Medizin und Chirurgie unter dieser Überschrift zusammenzufassen, mit einem Querverweis,

Operation. *Siehe auch* Medizin und Chirurgie.

Ein weiteres Beispiel für ein Buch, das mehrere Einträge benötigt, ist

Garner, RL Gorillas und Schimpansen.

Da es sich hierbei nicht um ein Werk über Affen im Allgemeinen oder gar über Menschenaffen handelt, ist es korrekt, es unter „Gorillas" bzw. „Schimpansen" einzutragen

Gorillas.

Garner, RL Gorillas und Schimpansen.

In einer kleinen Bibliothek würde es höchstwahrscheinlich weitere Bücher über Gorillas geben, aber kaum ein zweites über Schimpansen, daher wäre der zweite Eintrag

Schimpansen, Gorillas und. Garner, RL

Um dieses Buch allen, die sich für den Affenstamm interessieren, vollständig zugänglich zu machen, sind Querverweise erforderlich. Geht man davon aus, dass es unter „Affen" (allgemein) und „Affen" (im Besonderen) bereits Einträge gibt, dann wären alle Einträge durch miteinander verbunden

Affen.

Siehe auch Affen.

Affen.

Siehe auch Gorillas.

Auf „Schimpansen" ist kein Querverweis erforderlich, da sie im Titel des Buches unter „Gorillas" aufgeführt sind. Sollte es jedoch ein zweites Buch über Schimpansen geben, dann wird der Querverweis gelten

Affen.

Siehe auch Schimpansen. Gorillas.

87. – Auf die Gefahr einer Wiederholung hin, und um die Sache klarzustellen, kann noch einmal festgestellt werden, dass ein Buch nicht unter jedem wichtigen Wort eingetragen werden darf, das auf der Titelseite erscheint. Es gibt viele Katalogisierungen nach Faustregeln, die zu einem Buch führen würden

Ihering, Rudolf von. Die Entwicklung des Ariers,

unter „Evolution" einzutragen, wohingegen nicht einmal ein Titeleintrag unter dem Wort „Evolution" erforderlich ist, sondern nur der einzelne Betreffeintrag

Arier, Die

Ihering, R. von. Die Entwicklung des Ariers.

Es könnte als unnötiger Ratschlag angesehen werden, zu sagen, dass ein Buch, das sich so eindeutig über die arischen Völker bezieht, nicht unter „Evolution" gestellt werden sollte, wenn die akzeptierte Bedeutung dieses Begriffs als Thema nichts damit zu tun hat, es jedoch derzeit Kataloge in gibt Kraft wichtiger Stadtbibliotheken mit viel schlechteren Formen. Eines hat die Überschrift „Naturgeschichte", unter der sechzehn Punkte stehen, die so unterschiedliche Themen wie „Natürliche Methode zur Heilung von Krankheiten", „Naturtheologie", „Naturphilosophie", „Natur und Kunst", „Zeichnung aus der Natur" umfassen. weil das Wort „natürlich" oder „Natur" zufällig in den Titeln der Bücher vorkam. Ein anderes hat die Überschrift „Schule, Schulmeister und Schulen", zu der auch Molières „Schule für Ehefrauen" und seine „Schule für Ehemänner" gehören. Aus heutigen Katalogen ließe sich eine beliebige Anzahl ebenso lächerlicher Beispiele anführen, um die Behauptung zu belegen, dass es sich hierbei um einen häufigen Fehler handelt. Daher kann dem Katalogisierer nicht oft genug der Rat eingeprägt werden, „sich auf das Thema des Buches zu befassen und sich nicht um die einzelnen Wörter zu kümmern, die auf der Titelseite verwendet werden".

88. – Bücher in mehreren Sprachen, die sich mit einem einzigen Thema befassen, müssen alle unter dem englischen Namen dieses Themas eingetragen werden. Bücher wie

Kohlrausch, F. Kurze Darstellung der deutschen Geschichte . 1864

Grün, SG Bilder aus dem deutschen Vaterland. nd

Breton, J. Notizen eines Studenten Französisch de Deutschland . 1895

„Deutsch", „Germany" und „ Allemagne" eingetragen, ohne einen einzigen verbindlichen Hinweis. Ein anderer hat Bücher über die Vereinigten Staaten unter America, États-Unis und United States. In einem Katalog gibt es einen Verweis in folgender Form:

États-Unis— *siehe* L'Univers ,

was für unsere amerikanischen Cousins am schmeichelhaftesten ist. In diesem Zusammenhang ist zu beachten, dass Hinweise dieser Art völlig falsch sind. Erstens gibt es keinen Anlass für einen Verweis oder Eintrag irgendeiner Art unter „ États -Unis" in einem englischen Katalog, und zweitens ist der Grundsatz, von einem kleineren auf ein größeres Thema zu verweisen, falsch; der Bezug muss immer von einem größeren zum kleineren erfolgen. Im selben Katalog finden sich zahlreiche Verweise von Themen auf Autoren, die ebenfalls grundsätzlich falsch sind, da ein Verweis niemals in dieser Form erfolgen sollte:

Verdauungsstörungen. *Siehe* Douglas (Dr. Jas.),

oder umgekehrt, ebenso falsch:

Duncan, Dr. Andrew. *Siehe* Verbrauch,

sonst zeigt sich bald der merkwürdige Humor solcher Referenzen. In beiden Fällen waren Eingaben erforderlich und keine Referenzen. Daher sind die einzigen zu verwendenden Referenzen:

(1) Betreff zu Betreff (nur verbunden oder synonym).

(2) Größeres Thema durch kleinere Unterteilung desselben Themas.

(3) Von Autor zu Autor (Mitautoren).

(4) Übersetzer, Herausgeber oder Compiler des Autors.

(5) Übersetzer, Herausgeber oder Verfasser eines Titels, der nicht den Namen eines Autors enthält oder nicht als Autor behandelt wird (als Herausgeber einer Reihe).

89. – Die nächste Abbildung ist

GARNETT, Richard.

Leben von Ralph Waldo Emerson. (*Große Schriftsteller.*) S. 300, xiv. sm. 8o. 1888

Mit einer Bibliographie von John P. Anderson.

Unter dem Wort „Leben" oder unter „Biografien" ist kein Eintrag erforderlich, da es sich dabei um eine Klassenüberschrift und nicht um ein Thema handelt und das Buch unter dem Namen seines direkten Themas geführt wird und eine Überschrift daraus bildet, z. B. „Bibliothek". wird Emersons Werke sowie andere Biografien von ihm enthalten

Emerson, Ralph W.

Garnett, R. Leben von Ralph Waldo Emerson. (*Große Schriftsteller.*) 1888

Es ist ein Eintrag unter dem Namen der Serie erforderlich, und der Genauigkeit halber sollte der Name des Autors wie folgt angegeben werden

Großartige Schriftsteller; Hrsg. von Eric S. Robertson.

(*Hinweis* : – Jeder Band enthält eine Bibliographie des Themas von John P. Anderson.)

Garnett, R. Leben von Ralph Waldo Emerson. 1888

Allerdings wird es bei einer Serie biografischer Natur sinnvoller sein, mit dem Thema und nicht mit dem Autor zu beginnen

Großartige Autoren:

Emerson, Ralph Waldo, von R. Garnett. 1888

Referenzen zur vollständigen Vervollständigung der Angelegenheit können als angegeben werden

Robertson, Eric S. (*Hrsg.*) *Siehe* Große Schriftsteller (Serien).

Anderson, John P. *Siehe* Große Schriftsteller (Serie).

Bei Reihen wie den Bampton-, Hulsean- und Hibbert-Vorlesungen besteht die bequemste Methode darin, sie in chronologischer Reihenfolge der Vorlesungen (nicht des Veröffentlichungsdatums) nach diesem Stil anzuordnen:

Bampton-Vorlesungen:

1876. Alexander. Das Zeugnis der Psalmen für Christus und das Christentum. 1877

1880. Luke. Die Organisation der frühen christlichen Kirchen. 1888

1891. Gore. Die Inkarnation. 1891

Gelegentlich wird die Frage aufgeworfen, ob es sich lohnt, die Liste der Werke, die eine Reihe bilden, nicht unter einem anderen Leitwort, sondern unter dem ersten Wort des Titels der Reihe (außer einem Artikel) anzugeben. Es gibt keinen Anlass, in dieser Angelegenheit eine feste Regel aufzustellen, aber alles in allem wird es sicherer sein, alle Serien in der angegebenen Weise zu behandeln und sie einheitlich unter diesem ersten Wort als „Große Künstler, Große Schriftsteller, Geschichte der Nationen, Führer der Religion, internationale wissenschaftliche Reihe, jeweils unter „Großartig", „Geschichte", „Führer" und „International" und nicht unter „Künstler", „Schriftsteller", „Nationen", „Religion" oder „wissenschaftlich". Es ist nicht zu übersehen, dass die Eintragung nur erfolgt, weil es sich um einen

Serieneintrag und nicht um eine provisorische Form des Themeneintrags handelt, und gerade aus diesem Grund wäre es ebenso verfehlt, alle Serien „Große Künstler" einzutragen " unter der Schlagwortüberschrift „Künstler", um die „Führer der Religion" unter „Religion" einzuordnen. Die Schwierigkeit wird durch Querverweise, sofern erforderlich, vollständig gelöst

Wissenschaft. *Siehe auch* Internationale wissenschaftliche Reihe.

Autoren. *Siehe auch* Große Schriftsteller (Serien).

Schotten, berühmt (Serie). *Siehe* Berühmte Schotten.

Wenn der Reiheneintrag in einen Halbthemeneintrag umgewandelt werden soll, sollte dies durch einfache Transposition des Titels der Reihe erfolgen und dann ganz von der Betreffüberschrift getrennt bleiben.

In einem Bibliothekskatalog werden, anders als in einem Buchhandelskatalog, nur die Reihen mit besonderem und begrenztem Charakter unter den Namen der Reihe eingetragen, und diese Form sollte nicht so erweitert werden, dass sie lange Listen von Büchern in der Reihe darunter einschließt Verlagsnamen, wie Weale's -Reihe, Pitt Press-Reihe, Macmillan's Manuals for Students. Wenn sehr vollständige Angaben gemacht werden, können diese Namen dem Haupteintrag hinzugefügt und nicht weitergeführt werden.

90. – Es wurde bereits festgestellt, dass es in vielen Bibliotheken von größter Bedeutung ist, dass ein Katalog mit kurzen Einträgen und innerhalb enger Grenzen zusammengestellt wird, um sowohl den Umfang als auch die Produktionskosten zu reduzieren. Dies mit Bedacht zu tun, beeinträchtigt nicht im Geringsten die Grundsätze einer guten und angemessenen Katalogisierung, da nur bei der Kürzung der Einträge Vorsicht geboten ist, um ihren korrekten Charakter nicht zu verlieren. Die Mehrheit der Leser in populären Bibliotheken legt wenig Wert auf genaue bibliografische Informationen, sofern sie eine Liste der Bücher nach Autor oder zum gewünschten Thema erhalten. Der oben erwähnte Titel von Dr. Garnetts Buch kann beispielsweise in folgenden Einträgen gekürzt werden:

Garnett, Richard. Leben von Ralph W. Emerson. 1888

Emerson, Ralph W.

Garnett, R. Leben von Emerson 1888

Großartige Autoren:

Emerson, von R. Garnett. 1888

Auf die Hinweise von Robertson und Anderson kann verzichtet werden. Kürzere Einträge als die oben genannten würden nicht gesucht und wären wertlos. Sehr kurze Einträge implizieren wenig oder gar keine Informationen, wie die folgenden *vollständigen* Einträge aus dem Katalog einer großen Bibliothek belegen :

„Klagelied der Kirche."

Verschwörung. Ritualistisch.

Arbeitshaus. Union. Bowen.

91. – Die nächste Abbildung dient dazu, die Methode zur Betrachtung eines Buches hinsichtlich seines Themeneintrags weiter zu veranschaulichen:

SAINTSBURY , George.

Eine Geschichte der elisabethanischen Literatur. 1887

Dies ist weder ein Buch über Literatur im Allgemeinen noch in ihrer Zusammenfassung, noch über die englische Literatur als Ganzes, sondern nur über einen bestimmten Zeitraum davon. Ein solches Buch könnte durchaus unter „elisabethanische Literatur" mit einem Verweis auf „englische Literatur" eingeordnet werden. Es könnte sogar unter dem Namen „Elizabeth" geführt werden, wo alle Bücher über ihre Herrschaft in allen Einzelheiten gesammelt werden könnten, aber das ist nicht so zufriedenstellend. Schließlich wäre der nützlichste Ort für ein Buch dieser Art die Rubrik „Englische Literatur", und seine Aufnahme könnte besser gerechtfertigt sein, wenn die Bücher unter einer solchen Überschrift, sofern ihre Anzahl ausreicht, in chronologisch geordnete Zeiträume unterteilt würden Überschriften wie „Englische Geschichte" werden oft sinnvoll unterteilt. Dies würde einen Querverweis erfordern

Elisabethanische Literatur. *Siehe* englische Literatur.

Punkt weiter zu veranschaulichen, kann man sagen, dass ein Buch wie

BREWER , JS

Die Regierungszeit Heinrichs VIII. 2 V. 8o. 1884

wird besser umgekehrt behandelt und unter dem Namen des Monarchen eingetragen, wie andere Bücher rein historischer Natur, die sich mit einer bestimmten Regierungszeit befassen. Im ersten Fall geht man davon aus, dass das Buch besser als Beitrag zum umfassenderen Thema der „englischen Literatur" katalogisiert werden kann, und im zweiten Fall wird davon ausgegangen, dass sich das Buch insbesondere mit Heinrich VIII. befasst. als bei „englischer Geschichte" – daher der Unterschied in der Behandlung. In diesem letzten Fall lautet der schützende Querverweis

Englische Geschichte.

Für die Geschichte bestimmter Regentschaften siehe unter den Namen der Monarchen, wie Karl I., Heinrich VIII., Victoria.

92. – Die folgende Gruppe wird (in Kurzform) angegeben, um die unterschiedliche Behandlung von Büchern aufzuzeigen, die inhaltlich scheinbar gleich sind:

Farrar, FW, *Dean (Hrsg.)* Mit den Dichtern.

James, Henry. Französische Dichter und Romanautoren.

Johnson, Samuel. Leben der englischen Dichter.

Keats, John. Poetische Werke.

Shairp , JC Aspekte der Poesie.

Scharf, Wm. Leben von Shelley.

Tennyson, Herr. Demeter und andere Gedichte.

Der erste Eintrag würde unter der Überschrift „Gedichte" stehen, da es sich um eine Anthologie handelt. Diese Rubrik „Gedichte" sollte für Sammlungen verschiedener Gedichte vieler Autoren reserviert sein und würde kein Buch wie „Keats" einschließen, das nur unter dem Namen des Autors eingetragen werden sollte. Es ist kein Eintrag unter „Poetische Werke" erforderlich, da dies lediglich eine Form ist und ebenso wenig gerechtfertigt werden kann wie eine Überschrift „Prosawerke". Wenn das Buch jedoch einen eindeutigen Titel hat, wie z. B. Tennyson, muss ein Titeleintrag als angegeben werden

Demeter und andere Gedichte. Tennyson, Herr.

Bibliothekare halten es manchmal für notwendig, unter der Überschrift „Gedichte" oder „Poesie" eine Reihe von Verweisen auf die Namen der im Katalog vertretenen Autoren anzugeben, aber dies entspricht der Praxis, die gesamte Belletristik unter einer Überschrift zusammenzufassen „ Romane." Dass es sich um Klassenüberschriften handelt, ist nicht ganz korrekt, dient aber zweifellos einem Teil der Leser als Annehmlichkeit. Über alle derartigen Gruppierungen in einem Wörterbuchkatalog kann nicht so viel gesagt werden, und es ist besser, sie nach Möglichkeit zu vermeiden. Ein Katalog einer sehr wichtigen Bibliothek hat die Überschrift „Essays", unter der versucht wurde, alle Bücher einzutragen, die in Form von Essays geschrieben wurden, sowie das Wort „Essay" auf den Titelseiten trugen, und das Ergebnis ist ein bloßes Durcheinander von Titeln, absolut nutzlos, einschließlich Werken, die in ihren Charakteren so weit voneinander entfernt sind wie Baring Goulds *Old Country Life* , Barries *Auld Licht Idylls* , Dorans *In and About Drury Lane* und Langs *Books and Bookmen* . Dies in einem klassifizierten Katalog zu versuchen, wäre schon schlimm genug, aber in einem Wörterbuchkatalog zeigt es, dass die ersten Prinzipien, die seine Zusammenstellung regeln, völlig missverstanden werden.

Das Buch von Henry James würde passenderweise unter „französische Literatur" eingeordnet und die Wörter „Dichter" und „Romanautoren" ignoriert. Dr. Johnsons Buch sollte zusammen mit allen anderen gesammelten Dichterleben unter „Dichter" aufgeführt werden, aber das Leben eines einzelnen Dichters, wie das von Shelley, würde nicht so eingetragen werden, da die Leben einzelner Dichter unter deren Namen eingetragen werden , und nicht unter der Klasse, zu der sie gehören. Shairps Buch, das sich abstrakt mit „Poesie" befasst, würde dementsprechend unter diese Überschrift fallen, ebenso wie jedes Buch mit unterschiedlichem Charakter über Poesie, das nicht gut unter eine bestimmtere Themenüberschrift gestellt werden könnte.

93. – Manchmal erweist es sich bei Biografien als unnötig, sowohl Autoren- als auch Themeneinträge anzugeben, da die Biografien von einem Sohn oder einem anderen Verwandten mit demselben Namen geschrieben oder herausgegeben wurden und dementsprechend beide Einträge im Katalog zusammenkommen. Daher ist es zwar völlig richtig, beide Einträge anzugeben, doch einer reicht aus. Wenn der Einzeleintrag übernommen wird, ist es besser, das Thema des Eintrags auszuwählen und nicht den Autor

Stokes, William: sein Leben und Werk, 1804-1878, von seinem Sohn [Sir] Wm. Stokes. (*Master of Medicine.*) 1898

94. – Predigtbände werden wie dichterische Werke behandelt, wobei eine Eintragung unter der Form „Predigten" soweit wie möglich vermieden wird. Eine Illustration ist

Kingsley, Charles. Allerheiligen und andere Predigten. 1890

— Das Evangelium des Pentateuch: Predigten. 1890

— Predigten zu nationalen Themen. 2v. 1872

— Predigten für die Zeit. 1890

— Dorfpredigten. 1890

Für die erste und letzte davon sind lediglich Titeleinträge erforderlich, z

Allerheiligen und andere Predigten. Kingsley, um 1890

Dorfpredigten. Kingsley, um 1890

Der zweite Beitrag ist besser als Beitrag zu seinem Thema geeignet, statt einen Titeleintrag zu erhalten

Pentateuch, Der.

Kingsley, C. Das Evangelium des Pentateuch: Predigten. 1890

Im dritten und vierten Abschnitt sind ebenfalls Titeleinträge erforderlich, es sei denn, unter dem Wort „Predigten" findet sich auf diese Weise ein allgemeiner Verweis

Predigten. *Predigtbände mit bestimmten Titeln oder zu bestimmten Themen finden Sie unter den jeweiligen Titeln und Themen. Bücher mit dem allgemeinen Titel Predigten sind unter den Namen folgender Autoren zu finden :*

(Hier folgt eine Liste der Namen, einschließlich Kingsley.)

Sollte diese Form nicht geeignet sein, bleibt keine Alternative zur Angabe von Titeleinträgen, da eine Überschrift nicht korrekt erstellt werden kann. Die Form lautet dann:

Predigten. Le Bas, CW 2 v. 1828

Predigten für die Zeit. Kingsley, um 1890

Predigten im Osten. Stanley, AP 1863

Predigten zu nationalen Themen. Kingsley, C. 2v. 1872

Die Anordnung erfolgt wie bei allen anderen Titeleinträgen alphabetisch nach den Wörtern der Titel und nicht nach den Namen der Autoren.

95. – Dramen und dramatische Werke sind ebenfalls Formen, die eine ähnliche Behandlung wie Gedichte, Essays oder Predigten erfordern. Briefsammlungen von Einzelpersonen werden einfach unter den Namen der Verfasser mit Quellenangaben der Herausgeber eingetragen.

96. – In Katalogen gibt es gelegentlich eine Form des Eintrags, die so offensichtlich absurd ist, dass es kaum mehr als nur einen Hinweis darauf braucht, nämlich die Überschrift „Broschüren". Hier werden vermutlich alle dünnen oder ungebundenen Bücher einer Bibliothek eingetragen. Bei einer Anordnung dieser Beschreibung sollte die Arbeit erleichtert werden, da nur zwei Überschriften erforderlich wären – eine „Bücher" und die andere „Broschüren" – wobei die Trennlinie zwischen den beiden durch die Anzahl der Seiten festgelegt werden müsste.

Fast im Einklang mit solch einer lächerlichen Überschrift steht die Methode des faulen Katalogisierers, Bände, die aus mehreren zusammengebundenen Broschüren bestehen, sei es zum selben Thema oder zu so vielen unterschiedlichen Themen, wie Broschüren in den Bänden sind, zu nehmen und sie in einen Topf zu werfen Einträge wie diese:

Verschiedene Broschüren. vd

Broschüren, Verschiedenes. 37 v. vd

Predigten, Sonstiges. vd

Politische Broschüren. vd

Natürlich muss jede Broschüre genau so behandelt werden, als wäre sie ein separates Buch, wobei die Tatsache, dass es sich um ein dünnes Buch handelt, nicht in Frage kommt, es sei denn, es ist zufällig von so unbedeutendem oder vergänglichem Charakter wie einer Eintragung unwürdig zu sein, wenn es entweder aus der Bibliothek entfernt oder ordnungsgemäß katalogisiert werden sollte (es sei denn, die Tatsache, dass es mit anderen verbunden ist, verhindert dies).

97. – Die weitschweifigen Titel vieler Broschüren, insbesondere der polemischen Traktate des 17. und 18. Jahrhunderts, bedürfen oft einer Abkürzung. Zum Beispiel:

Die Nachfolge Salomos auf dem Thron Davids wurde in einer Predigt anlässlich des plötzlichen Todes Seiner Majestät König Georg I. am 18. Juni 1727 von Thomas Bradbury erörtert . 2. Aufl. 1727

kann durchaus gekürzt werden

Bradbury, Thomas. Predigt zum Tod Georgs I. 1727

Und

Eine Verordnung der im Parlament versammelten Lords und Commons, zusammen mit Regeln und Anweisungen bezüglich der Suspendierung vom Sakrament des Abendmahls in Fällen von Unwissenheit und Skandal ; auch die Namen dieser Minister und anderer, die in der Provinz London zu Triern und Richtern der Ältesten ernannt werden. 1645

kann in den meisten Fällen sicher auf reduziert werden

Abendmahl. Eine Verordnung des Parlaments mit Regeln und Anweisungen bezüglich der Suspendierung vom Abendmahl. S. ii., 14. sm. 4o. 1645

Broschüren werden häufig aus besonderen Gründen in Bibliotheken gesammelt und aufbewahrt – vielleicht weil sie von lokalem Interesse sind –, obwohl diese Tatsache im Katalog hervorgehoben werden sollte. Dementsprechend eine Broschüre mit dem Titel

Eine Predigt, die in der Chelsea Church bei der Beerdigung des Hon gehalten wurde. Frau Elizabeth Roberts, von Thomas Knaggs. 1710 würde darunter eingetragen werden

Chelsea Church, gehaltene Predigt bei der Beerdigung des Hon. Frau Eliz. Roberts. Knaggs, T. 1710

Dieser Eintrag ist zusätzlich zu dem unter „Knaggs" und einem weiteren unter „Roberts", wenn die Person zu ihrer Zeit zufällig von lokaler Bedeutung war.

KAPITEL X.
TITELEINGABEN UND WIEDERHOLUNGSSTRICHE.

98. – Das Ausmaß, in dem Titeleinträge im Unterschied zu Facheinträgen in einem Wörterbuchkatalog erforderlich sind, wurde in gewissem Maße bereits gezeigt. Belletristik, Theaterstücke, Gedichte, Essaybände und manchmal auch Predigten erfordern fast alle solche Einträge, wobei sie meist anhand ihrer Titel gesucht werden. Beispiele hierfür sind

Weit weg vom hektischen Trubel. Hardy, T.

Michael und sein verlorener Engel: ein Theaterstück. Jones, HA

Aurora Leigh: Gedicht. Browning, EB 1890

Obiter dicta. Birrell, A. 2v. 1887-96

Disziplin und andere Predigten. Kingsley, um 1890

Dies sind abgesehen von den Titel-als-Thema-Einträgen, wie z

Bergleute und ihre Arbeiten unter Tage. Holmes, FM nd

Mährische Kirche, Kurze Geschichte der. Hutton, JE 1895.

Es gibt nur sehr wenige Bücher außerhalb der oben genannten Klassen, die wirklich Titeleinträge erfordern, und in der Regel wird diese Katalogisierungsfunktion übertrieben. Bücher wie

Finck, HT Lotos-Zeit in Japan. 1895

Hollingshead, John. Mein ganzes Leben. 2 v. 1895

Adams, WHD Die Jungfrau von Orleans. 1889

Marsh, George P. Vorlesungen über die englische Sprache. 1874

Für „Lotos", „My Lifetime", „Maid of Orleans" oder „Lectures" sind außer den unter „Japan", „Hollingshead", „Jeanne d'Arc" und „Englische Sprache" erforderlichen Einträgen noch keine erforderlich Es ist durchaus üblich, solche Einträge zu sehen.

99. – Es muss sorgfältig beachtet werden, dass in Titeleinträgen die Artikel (A, An, The) absolut ignoriert werden und jedes andere erste Wort das führende Wort ist, unter dem der Eintrag angegeben werden muss. Es ist oft wünschenswert, den Artikel, insbesondere den bestimmten Artikel, in einen solchen Eintrag aufzunehmen, wenn er eingefügt werden muss, sobald er mit Sinn und Ton in Einklang steht, oder am Ende der Phrase, als

Schutzengel, Der. *Nicht* der Schutzengel, der Engel.

Clyde, The, zum Jordan. *Nicht* Clyde to the Jordan, The.

Edles Leben, A. *Nicht* edles, A, Leben.

Das Böse, die Entstehung von. *Nicht* böse, Entstehung von The.

Die Artikel werden gelegentlich in Einträgen wie z. B. weggelassen

Schutzengel.

Clyde zum Jordan.

Edles Leben.

Das Böse, Entstehung von.

Dies gilt jedoch nur für den Artikel vor dem ersten Wort des Titels und *nicht für andere*.

Streitwagen des Fleisches, Der.

kann nicht korrekt eingegeben werden als

Streitwagen aus Fleisch.

Das generelle Weglassen des Leitartikels bedeutet, wenn überhaupt, kaum Platzersparnis und hat einen kahlen Effekt, der sich oft wie der Wortlaut eines Telegramms liest. Es verliert nicht nur die Klarheit, die seine Einbeziehung verleiht, sondern kann auch den Sinn verändern, z

Tagesfahrt. *Ist nicht dasselbe wie* Day's Ride, A.

Phyllis der Sierras. *Ist nicht dasselbe wie* Phyllis, A, aus den Sierras.

Soldat geboren. *Ist nicht dasselbe wie* Soldier born, A.

Beim Transponieren des Artikels oder eines anderen führenden Wortes vom Anfang des Titels muss der große Anfangsbuchstabe beibehalten werden, wie in den obigen Einträgen gezeigt, und nicht auf diese Weise.

Tierfreund, der.

Priestertum, populäre Geschichte von.

Urzeitliches Leben, Relikte von.

Um einen Bruch in der alphabetischen Reihenfolge zu verhindern, werden die Artikel teilweise unter den Autorennamen vertauscht, z

„Hobbes, John Oliver."

— Bündel des Lebens, A.

— Kräutermond, Der.

— Sinners Komödie, The.

Aber diese Form der Eingabe bringt so wenig, dass sie die Unbeholfenheit kaum ausgleicht.

Es ist in irgendeiner Form, vom Autor oder vom Titel her falsch, den Artikel in Fremdsprachen wegzulassen, und dies kann nur durch den Sprachgebrauch und nicht durch die Genauigkeit gerechtfertigt werden. Wie im Englischen steht das Eintragswort nie unter dem Artikel, as

Petite paroisse , La. *Nicht* La petite paroisse .

Aventure d'amour, Une. *Nicht* ein Abenteuer der Liebe.

Karavane , Sterben. *Nicht* Die Karavane .

100. — Viele Belletristikwerke mit Eigennamen im Titel sind besser unter diesen Namen bekannt und werden selten unter dem ersten Wort des Titels gesucht. Bücher, die so bekannt sind wie:

Die persönliche Geschichte von David Copperfield.

Mr. Midshipman Easy.

Geschichte von Pendennis.

Geständnisse von Harry Lorrequer .

Abenteuer von Huckleberry Finn.

wird häufiger unter „David", „Midshipman", „Pendennis", „Harry" und „Huckleberry" gesucht als unter „Personal", „Mr." „Geschichte", „Geständnisse", „Abenteuer", daher sollte ein Urteil gefällt werden und entweder ein einzelner Eintrag an der wahrscheinlichsten Stelle oder beide Titeleinträge angegeben werden. Wenn der Platz eine Rolle spielt, lassen Sie den weniger bekannten Eintrag immer weg. Es ist ersichtlich, dass Namen in der Belletristik niemals als echte Namen betrachtet werden und Einträge nicht unter den Nachnamen „Copperfield", „Easy", „ Lorrequer " oder „Finn" angegeben werden dürfen.

101. — Der Kürze halber werden Titeleinträge auf diese Weise manchmal nur mit dem Nachnamen des Autors angegeben

Zweihundert Pfund Belohnung, von Payn .

Zwei im Busch, von Moore.

Zwei Küsse von Smart.

Zwei kleine Holzschuhe von Ouida.

und gelegentlich in diesem Stil:

Zu Wasser und an Land. Cooper.

Flott im Wald. Reid.

Nach Einbruch der Dunkelheit. Collins.

Bei Belletristikwerken wie diesen gibt es keine großen Einwände gegen den Plan, abgesehen von der bloßen Erscheinung der Einträge, aber ihn mit allen anderen Titel- und Themeneinträgen in die Tat umzusetzen bedeutet, in das dunkle Zeitalter der Katalogisierung zurückzukehren. Die folgenden ausgewählten Exemplare beweisen, dass solche Einträge für den Uneingeweihten nur von geringem Wert sein können. Der vollständige Eintrag mit Ausnahme der Signatur lautet:

Holland, Durch. Von Wood.

Horaz. Von Martin.

Childs, George W. (1874). Großart.

Christus, mit (Predigt). Kemble.

Kirche, der (1847). Feld.

Elektrizität. Von Ferguson.

Epos des Hades. Von Morris.

Aufsätze. Von Cowley.

Faraday. Von Gladstone.

102. – Dies führt zu der Frage der Wiederholungsstriche, auf die bereits in Absatz 59 des Autoreneintrags hingewiesen wurde, und dem jungen Katalogisierer kann kein besserer Rat gegeben werden, als *Wiederholungsstriche wo immer möglich zu vermeiden*, und Verwenden Sie sie höchstens in einem der folgenden Fälle:

A. Um die Wiederholung des Namens eines Autors in der Autoreneingabe (wie bereits dargestellt) oder unter der Betreffzeile zu vermeiden.

B. Um die Wiederholung eines Titeleintrags oder Titel-als-Thema-Eintrags zu vermeiden, wenn ein zweites Exemplar oder eine andere Ausgabe desselben *Werks* eingegeben wird.

C. Um das Wiederholen einer Betreffzeile zu vermeiden.

Abbildungen der zweiten Form sind

Condé, Princes de, Geschichte der. Aumale , Duc d'. 2 v. 1872

— (Französische Ausgabe) 2 v. 1863-4

Essen und Füttern. Thompson, Sir H. 1891

— (Erweiterte Ausgabe) 1898

Familie von Sir Thomas More. Manning, A. 1887

— (Illus. Hrsg.) 1896

und der dritten Form:

Wahnsinn.

— Hill, RG Wahnsinn, seine Vergangenheit und Gegenwart. 1870

— Maudsley, H. Die Pathologie des Geistes. 1895

Die meisten Katalogisierer verzichten jedoch auf diese Form, da der Einzug unter der Überschrift ausreicht, um anzuzeigen, dass alle Einträge zu dieser Überschrift gehören. Wenn es verwendet wird, ist in ähnlichen Fällen gelegentlich ein zweiter Bindestrich erforderlich:

Irland.

— Froude, JA Die Engländer in Irland im 18. Jahrhundert. 3 v. 1886.

— — Irland seit der Union. 1886.

— Hickson, M. Irland im 17. Jahrhundert. 2 v. 1884.

Durch die Vermeidung dieses Bindestrichs unter Überschriften geht nichts verloren, und einige sind der Meinung, dass der Einzug allein, selbst unter den Autorennamen, so deutlich ist, dass der Bindestrich ganz weggelassen werden kann, und dass dies keinen Nachteil für die folgenden typischen und echten Beispiele dessen darstellt, was der Fall ist sarkastisch als „Punkt-und-Strich-System" der Katalogisierung bezeichnet, zeigt:

China-Malerei. Von Florence Lewis.

— Alte Autobahnen in. Von Williamson.

Englische Kirchenkomponisten. Von Barrett.

— — Geschichte der. Von Perry.

Das Gesetz und die Dame: ein Roman. Von Collins.

— International. Von Levi.

— Körperlich und moralisch, Unterschied zwischen. Von Arthur.

— Herrschaft von. Von Argyll.

— Wissenschaft von. Von Amos.

Moors, The und the Fens. Von Frau Riddell.

— — in Spanien. Von SL Poole.

Werkstattgeräte. Von Shelley.

— Quittungen für die Nutzung durch Hersteller, Mechaniker und wissenschaftliche Amateure. Von Spon

— — — — — — — — — — *Zweite Serie.* Von Haldane.

Diese sind in ihrer Art genauso absurd wie die eines aktuellen Verzeichnisses zu Verlagskatalogen, nämlich:

Blei, Silber und.

— Freundliches Licht.

und die Aufmerksamkeit wird nur darauf gelenkt, um zu zeigen, wie lächerlich solche Einträge gemacht werden können, und dass sie für die Benutzer eines Katalogs eher ein Hindernis als eine Hilfe darstellen, bedarf keiner weiteren Demonstration. Daher kann dem Katalogisierer getrost empfohlen werden, von diesen Bindestrichen nur einen sehr begrenzten Gebrauch zu machen, im Zweifelsfall ist es viel besser, das Wort zu wiederholen. Die elf Bindestriche unter „Workshop" oben sind unnötig und die richtige Eingabeform ist:

Werkstattgeräte. Shelley, CPB 1885

Werkstattbelege zur Verwendung durch Hersteller usw. Spon, E. 1885

— (Zweite Folge) Haldane, R. 1885

KAPITEL XI.
INHALTE INDIZIEREN.

103. – In den Abschnitten 61–62 wurde auf die Art und Weise der Darlegung des Inhalts von Büchern mit unterschiedlichem oder kollektivem Charakter hingewiesen, und es wurde darauf hingewiesen, dass ein Aufsatz oder Artikel häufig nützlicher – sogar wertvoller – ist als ein Das ganze Buch kann nur dann gelesen werden, wenn es den Kern der Materie wiedergibt, die es behandelt, und für die Bedürfnisse der meisten Menschen ausreichend umfangreich ist. Unter diesen Umständen ist es äußerst wünschenswert, dass nicht nur unter jeder Schlagwortrubrik in einem Katalog alle Bücher der Bibliothek aufgeführt werden, sondern auch Teile von Büchern, innerhalb angemessener Grenzen. Wie weit diese Grenzen gehen sollen, ist eine schöne Frage, und sie erfordert sicherlich die Überlegung englischer Bibliothekare im Hinblick auf eine Zusammenarbeit bei der Produktion eines Werkes nach dem Vorbild des „ALA"-Index : *eines Indexes zur allgemeinen Literatur, von Wm. I. Fletcher, in Zusammenarbeit mit vielen Bibliothekaren* (Boston, 1893), um den Platz für diese Literaturklasse zu füllen, den Pooles und andere Verzeichnisse für periodische Literatur einnehmen. Der „ALA Index" ist eindeutig amerikanisch und passt nicht so gut zu den Sammlungen in englischen Bibliotheken, obwohl sein Wert nicht zu leugnen ist. Bis zur Klärung dieser Frage müssen Bibliothekare ihr Möglichstes tun, um das wertvolle Material, das in Bänden mit Aufsätzen und anderem anderer Art verborgen ist, für die Nutzung durch ihre Leser zugänglich zu machen. Beim Umgang mit Büchern dieser Art kommen alle zuvor für die Katalogisierung festgelegten Regeln zur Anwendung, da sie manchmal aus Abschnitten mehrerer Autoren zu einem Thema oder von vielen Autoren zu vielen Themen oder von einem einzelnen Autor zu vielen Themen bestehen . Die üblicherweise angewandte Methode zur vollständigen Durchführung dieser Indizierung wird in der folgenden Reihe von Beispielen gezeigt:

STEVENSON , Robert L. Vertraute Studien über Männer und Bücher. 3. Aufl. S. xxi., 397. sm. 8o. 1888

Inhalt : – Vorwort als Kritik. Romanzen von Victor Hugo. Einige Aspekte von Robert Burns. Walt Whitman. HD Thoreau: sein Charakter und seine Meinungen. Yoshida- Torajiro . François Villon, Student, Dichter und Einbrecher. Karl von Orleans. Samuel Pepys. John Knox und Frauen.

Hugo, Victor.

Stevenson, RL Victor Hugos Romanzen. (Männer und Bücher.) 1888

Burns, Robert.

Stevenson, RL Einige Aspekte von Robert Burns. (Männer und Bücher.) 1888

Whitman, Walt.

Stevenson, RL Walt Whitman. (Männer und Bücher.) 1888

Thoreau, Henry D.

Stevenson, RL Thoreau: sein Charakter und seine Meinungen. (Männer und Bücher.) 1888

Yoshida- Torajiro . Stevenson, RL (Männer und Bücher.) 1888

Villon, François, Student, Dichter und Einbrecher. Stevenson, RL (Männer und Bücher.) 1888

Karl von Orleans. Stevenson, RL (Männer und Bücher.) 1888

Pepys, Samuel.

Stevenson, RL Samuel Pepys. (Männer und Bücher.) 1888

Knox, John.

Stevenson, RL John Knox und Frauen. (Männer und Bücher.) 1888

Der sechste, siebte und achte Eintrag erfolgt in Titelform, wobei davon ausgegangen wird, dass die Bibliothek über keine weiteren Objekte zu diesen Personen oder Bücher von ihnen verfügt. Der Rest sind Überschriften, da die Wahrscheinlichkeit groß ist, dass es weitere Bücher von oder über diese Autoren geben wird.

Es gibt alternative Methoden zur Behandlung solcher Bücher. Es wurde bereits gesagt, dass das Inhaltsverzeichnis unter dem Haupteintrag weggelassen werden kann und dadurch eine leichte Ersparnis erzielt werden kann. Es wäre auch durchaus möglich, unter der Betreffzeile nur den Titel des gesamten Buches anzugeben und den Titel des jeweiligen Aufsatzes oder Artikels wegzulassen, z

Hugo, Victor.

Stevenson, RL Männer und Bücher. 1888

Die Tatsache, dass der Eintrag unter Hugo steht, würde zeigen, dass in dem Buch etwas über ihn stand, aber nicht, dass es nur seine Romanzen betraf. Es gibt auch den umgekehrten Prozess, einfach den Titel des Aufsatzes anzugeben, z

Hugo, Victor.

Stevenson, RL Victor Hugos Romanzen. 1888

Der Nachteil dieser Form besteht darin, dass man sie für ein ganzes Buch und nicht für einen Aufsatz halten würde. Diese Schwierigkeit könnte jedoch umgangen werden, indem das erklärende Wort „Aufsatz" als eingefügt wird

Hugo, Victor.

Stevenson, RL Victor Hugos Romanzen [Essay.] 1888

Es gibt auch das Querverweisformular, z

Hugo, Victor.

Siehe auch Stevenson, RL Men und Bücher.

was am wenigsten wünschenswert ist, weil es vage und auch extravagant ist, was den Platz betrifft.

Die nächste Abbildung ist

COLLINS, John Churton.

Aufsätze und Studien. S. xii, 369. la. 8o. 1895

Inhalt:— John Dryden. Die Vorgänger von Shakespeare. Lord Chesterfields Briefe. Der Porson der Shakespeare-Kritik. Menander.

Die Tatsache, dass es sich bei diesen Aufsätzen in erster Linie um Rezensionen von Büchern handelt, erfordert eine Berücksichtigung ihres Interesses in dieser Hinsicht sowie dessen, was ihren Wert als Beiträge zu den Themen ausmacht, und nach Prüfung wird sich herausstellen, dass die Aufsätze am besten unter „Dryden" einzuordnen sind, „Symonds, JA"; „Chesterfield"; „Theobald, Lewis"; und „Menander" auf diese Weise:

Dryden, John.

Collins, JC John Dryden. (Aufsätze und Studien.) 1895

Symonds, JA

Collins, JC Die Vorgänger von Shakespeare. (Aufsätze und Studien.) 1895

Eine Rezension von Symonds' Arbeit zu diesem Thema.

Wenn es für notwendig erachtet würde, auch den zweiten und vierten Aufsatz unter „Shakespeare" zu geben, könnten sie in einem Eintrag in dieser Form zusammengefasst werden:

Shakespeare, William.

Collins, JC Die Vorgänger von Shakespeare . Der Porson der Shakespeare-Kritik. (Aufsätze und Studien.) 1895

Ein weiteres Buch dieser Art ist

NOBLE , J. Ashcroft.

Das Sonett in England und andere Aufsätze. S. x, 211. sm. 8o. 1893

Inhalt : – Das Sonett in England. Eine präraffaelitische Zeitschrift. Leigh Hunt: der Mann und der Schriftsteller. Die Poesie des gesunden Menschenverstandes. Robert Buchanan als Dichter. Straßenhändler von Morwenstow .

Das Wort „Inhalt" kann in „enthält" oder „enthält" geändert oder sogar ganz weggelassen werden, da die Position oder der Schriftstil hinreichend darauf hindeuten würde, dass es sich bei der Liste um die des Inhalts handelte. Unter Berücksichtigung des genauen Themas jedes Aufsatzes werden die Einträge unter „Sonett" (Titeleintrag) aufgeführt. „Keim, der"; „Jagd, Leigh"; „Papst, Alex."; „Buchanan, Robert"; „Hawker, Robert S."

104. – Es muss klar sein, dass es zwar eine gewisse Option bei der Indexierung des Inhalts von Büchern wie den oben genannten gibt, es jedoch überhaupt keine Möglichkeit gibt, sich mit gesammelten Werken zu befassen. Dass eine Bibliothek zufällig über die Sammlung der Ashburton-Ausgabe von Carlyles Werken verfügt, bedeutet nicht, dass sie ausreichend erfasst sind, wenn sie unter „Carlyle" aufgeführt sind, und daher müssen sie auf genau die gleiche Weise vollständig katalogisiert werden, als wäre es jedes Buch gewesen separat in verschiedenen Editionen erhältlich. Unter dem Namen des Autors würden sie eingetragen, wie in der Illustration von Hawthorne (Abschnitt 63) gezeigt, und jedes Buch würde nach den bereits festgelegten Zeilen behandelt, wie zum Beispiel

Cromwell, Oliver.

Carlyle, T. Oliver Cromwells Briefe und Reden erläutert. (Works, *Ashburton Hrsg.* , Vers 6-8). 3 v. 1885-6

105. – Es gibt eine gut verstandene, aber nicht formulierte Regel, dass der Inhalt der großen klassischen Werke keiner Indexierung bedarf, und nach diesem Prinzip würde ein Werk, sagen wir über „Hamlet", einfach unter „Shakespeare" eingetragen und nicht es ist sogar ein Querverweis von „Hamlet" erforderlich. So auch bei den alten Klassikern. Die *Ilias* oder *Odyssee* , die *Æneis* oder das *Agamemnon* werden normalerweise an keiner anderen Stelle als unter Homer, Vergil bzw. Æschylus aufgeführt . Diese Regel würde je nach Art der Bibliothek auch erweitert. B. eine bestimmte Sammlung von

Ausgaben von Mores *Utopia* , wäre kein weiterer Eintrag unter *Utopia erforderlich* als ein Querverweis auf More, wo alle Ausgaben mit allen notwendigen Einzelheiten aufgeführt wären.

106. – Die in Abschnitt 103 gemachten Bemerkungen zur Notwendigkeit eines kooperativen Verzeichnisses für Aufsätze und dergleichen gelten auch für die wahrscheinlich nicht so stark ausgeprägte Notwendigkeit eines Verzeichnisses für Theaterstücke, und es könnte sogar nach weiteren Verzeichnissen gesucht werden für zwei nach Themen und Texten geordnete Predigtbände. Noch dringender ist der Mangel an einem Index zu den vielen in Büchern enthaltenen Porträts.

KAPITEL XII.
DER KLASSIFIZIERTE KATALOG.

107. – Der Unterschied zwischen dem Wörterbuch und den klassifizierten Formen von Katalogen, auf die bereits in den Abschnitten 8 und 9 Bezug genommen wurde, lässt sich anhand der beiden bekannten Eisenbahnführer „Bradshaw" und „ABC" zur Veranschaulichung weiter verdeutlichen. Beide Leitfäden haben ihre eigenen Vorzüge, sind jedoch sehr unterschiedlich. Das „ABC" zeigt durch einfache Bezugnahme und ohne vorheriges Studium seiner Anordnung die Abfahrts- und Ankunftszeiten an einem bestimmten Bahnhof an, zeigt jedoch nicht die Unterbrechungen an dazwischen liegenden Bahnhöfen auf der Reise an und liefert auch keine erschöpfenden Informationen das tut „Bradshaw". Aber bevor „Bradshaw" zufriedenstellend verwendet werden kann, muss seine Anordnung und Reihenfolge studiert werden, und so ist es auch mit dem klassifizierten Katalog. Seine Anordnung, das heißt das angewandte Klassifikationssystem, muss zuerst verstanden werden, und dann muss die Reihenfolge der Unterteilung der Klassen festgestellt werden, bevor es richtig verwendet werden kann, es sei denn, diese Unterteilung erfolgt eher alphabetisch als natürlich oder logisch. Wenn der Benutzer des klassifizierten Katalogs die Klassifizierung und Anordnung beherrscht, hat er den Vorteil, eine erschöpfende Liste einer ganzen Literaturklasse, dann eines bestimmten Themas in seiner Gesamtheit und anschließend im Detail sowie mit allen Nebenthemen zusammengeführt zu haben. Das ist zumindest die Theorie seiner Zusammenstellung. Diese Form hat den bereits erwähnten weiteren Vorteil der Wirtschaftlichkeit in der Produktion, da ein Buch selten mehr als einen einzigen Eintrag außer einer Referenz im Index erfordert, während die Anzahl der Einträge zu jedem Buch in einem Wörterbuchkatalog selten geringer ist als drei.

Auch hier kann ein geordneter Katalog in Abschnitten, einer Klasse oder mehreren gleichzeitig und in großen oder kleinen Auflagen jedes Abschnitts herausgegeben werden, je nach Bedarf. Um wirklich von Nutzen zu sein, muss der Wörterbuchkatalog vollständig veröffentlicht werden, denn wenn er in Raten herausgegeben wird, hat er bis zur Fertigstellung keinen Wert, da nicht jeder Abschnitt für sich genommen vollständig ist, wie dies bei einer Klassenliste der Fall ist.

Nachdem ich so viel über den geordneten Katalog gesagt habe, kann darauf hingewiesen werden, dass die Gesamtheit der in einer Bibliothek enthaltenen Bücher eines bestimmten Autors nicht ohne Schwierigkeiten von ihm ermittelt werden kann, es sei denn, er verfügt über ein Kurztitel-Autorenverzeichnis, wie in gezeigt Abschnitt 112, noch können die Bücher über ein bestimmtes Land, sagen wir China, zusammen an einem Ort gefunden werden, die über die Religionen Chinas würden nicht mit denen über seine sozialen Bräuche gruppiert werden, diejenigen über seine Naturgeschichte würden nicht mit einem von beiden gruppiert werden Diese und ein Buch, das sich mit all diesen Themen zusammensetzt und eine Beschreibung des Landes enthält, befinden sich an einem separaten Ort.

108. – Die Argumente für und gegen die beiden Katalogstile wurden sorgfältig abgewogen, insbesondere unter dem Gesichtspunkt des allgemeinen Nutzens für die betroffene Öffentlichkeit und unter gebührender Berücksichtigung der Produktionskosten, und es wurde eine Wahl für die klassifizierte Form getroffen des Katalogs entscheidet der Katalogisierer zunächst über das anzuwendende Klassifikationsschema, wobei er davon ausgeht, dass die betreffende Bibliothek noch nicht klassifiziert ist oder ihr Hauptklassensystem für Katalogisierungszwecke unbefriedigend ist. Dies wurde mithilfe von Browns *Manual of Library Classification erreicht* , das alle verschiedenen Systeme zusammenfasst . Der Autoreintrag erfolgt auf der Grundlage der allgemeinen Grundsätze, die bereits in Kapitel III festgelegt wurden. bis VII. der vorliegenden Arbeit, die alle gleichermaßen anwendbar sind.

Oben auf dem Zettel, auf den der Eintrag geschrieben wird, müssen eine oder zwei Zeilen gelassen werden, um die Klassifikation, Abteilung und Unterabteilung entweder mit ihren Namen oder mit Zahlen zu kennzeichnen, wenn das gewählte Schema eine numerische Notation vorsieht. Nehmen wir zum Beispiel an, das Buch wäre

Ward, James. Historisches Ornament: Abhandlung über dekorative Kunst und architektonisches Ornament. Abb. 2 V. 8o. 1897

Der Zettel oder die Karte wird in der rechten oberen Ecke wie folgt markiert, da sie am besten zum Sortieren geeignet ist.

Bildende Kunst. [Die Klasse].

Ornament. [Der Unternehmensbereich.]

oder wenn die bekannte Dewey-Klassifikation [2] verwendet wird, würde an derselben Stelle die Zahl 745 geschrieben werden, die die Klasse „Bildende Künste", die Abteilung „Zeichnung, Dekoration, Design" und die Unterabteilung oder „Definition" bezeichnet Thema: „Ornamentale Gestaltung".

Gemäß Browns anpassbarer Klassifikation [3] würde der Eintrag mit C 76 gekennzeichnet sein und die Klasse „Bildende Kunst", die Abteilung „Dekoration" und die Unterabteilung „Allgemeine Praxis und Beispiele" bezeichnen. Im Wörterbuchkatalog wäre dieses Buch unter „Ward" und „Ornament" eingetragen.

Ein weiteres Beispiel ist

Willmott, Robt. A. (*Hrsg.*) Die Dichter des 19. Jahrhunderts: [Auswahl]. S. xx, 620, Port., Abb. 80. nd

Dies würde mit „Literatur", Unterteilung „Englische Literatur" und Unterteilung „Poesie" gekennzeichnet und einer detaillierteren Unterteilung überlassen, wenn es zum Zeitpunkt der Druckvorbereitung mit verwandten Werken geordnet werden soll. Die Dewey-Zahl wäre 821,08 oder nach Browns Markierungsmethode J 12.

Eine weitere Illustration ist

Vogel, Robert. Jesus, der Zimmermann von Nazareth. 8. Aufl. S. xii, 498. sm. 80. 1894

Dies wäre mit „Theologie" oder „Religion" gekennzeichnet, Abteilung „Bibel", Unterabteilung „Christus"; die Dewey-Zahl beträgt 232,9, und zwar in Browns Notation E168.

109. – Die nächste Illustration ist insofern etwas schwierig, als sie in drei Klassen eingeteilt werden kann:

Macpherson, HA, AJ Stuart-Wortley und Alex. Ich. Shand. Der Fasan: Naturgeschichte, Schießen, Kochen. (*Fell- und Federserie*) S. x, 265, Abb. 1895

In Anbetracht der Reihe, in der das Buch erscheint, kann es nicht unbedingt der Kategorie „Naturgeschichte" zugeordnet werden, und es enthält auch nicht viel, was den wissenschaftlichen Naturforscher ansprechen würde, obwohl es sich auf die Abteilung „Wildvögel" in dieser Klasse beziehen wäre am wünschenswertesten. Da der Fasan erst geschossen werden muss, bevor er gekocht werden kann, und es viel mehr Seiten gibt, die dem Schießen als dem Kochen gewidmet sind, wird das Buch in die Sportbücher eingeordnet: Klasse „Bildende Kunst", Abteilung „Freizeitkunst", Untergruppe - Abteilung „Feldsport", weitere Abteilung „Schießen". Die Dewey-Nummer ist dementsprechend 799 und die Brown-Marke C632.

Im Wörterbuchkatalog ein Buch wie

Bernard, Henry M.

Die Apodiden . (*Nature ser.*) S. xx. 316, Abb. sm. 80. 1892

ist leicht zu handhaben, da es einfach unter „ Apodidæ " für das Thema eingetragen wird. Im Rubrikenkatalog muss es jedoch in vollem Umfang ausgearbeitet werden, als Klasse „Wissenschaft", Abschnitt „Naturgeschichte", Abteilung „Zoologie", Unterabteilung „Arthropoda" oder „Articulata", kleinere Abteilung „Crustacea". " Die Dewey-Zahl ist 595,3 und die Brown-Notation ist A152.

Nach einem ähnlichen Prinzip ein Buch zu einem ganz anderen Thema, nämlich:

Loftie , WJ

Westminster Abbey. Neue Ausgabe, überarbeitet, S. xii, 319, Abb. 8o. 1891 wird in gleicher Weise behandelt. Die Klasse ist „Geschichte", die Abteilung „Europa", die Unterabteilung „Britische Inseln", die weitere Abteilung „England" und die kleinere Abteilung „London"; die Dewey-Zahl ist 942,1 und die von Brown ist F742. Diese Anordnung basiert auf der Annahme, dass das Buch vom historischen und topografischen Standpunkt aus geschrieben wurde. Es ist jedoch vor allem aus architektonischer Sicht geschrieben und die Überschrift könnte völlig anders lauten; dann wäre die Klasse „Bildende Künste", die Abteilung „Architektur" und die Unterabteilung „Kirchliche Architektur" mit einem weiteren Abschnitt, der „Monographien" gewidmet wäre. Dies ist eines dieser Bücher mit zusammengesetztem Charakter, das sich, was den Katalog und die Regalanordnung betrifft, sehr gut in zwei Klassen einordnen lässt.

Selbst bei der Katalogisierung ist es ungewöhnlich und nicht einfach, Bücher mit unterschiedlichem Charakter, wie Aufsatzbände, die Abschnitt für Abschnitt im Wörterbuchkatalog „indexiert" werden, in Klassen und Unterteilungen aufzuteilen. Diese werden daher an einer Stelle zusammengefasst, es sei denn, die gesamten oder die größere Anzahl der Aufsätze oder Abschnitte befassen sich mit einem bestimmten Thema, wenn sie in die entsprechende Klasse eingeordnet werden. Auch wenn der Inhalt verschiedener Bücher im Unterschied zu gesammelten Werken nicht unterteilt wird, entfällt dadurch keineswegs die Notwendigkeit, den *Inhalt* solcher Bücher im Eintrag unter der Hauptklasse vollständig anzugeben . Abgesehen von der geringen Schwierigkeit und der Tatsache, dass es nicht üblich ist, gibt es keinen ausreichenden Grund, warum diese Inhalte bei der klassifizierten Katalogisierung nicht aufgeteilt und durchgehend in die richtigen Klassen eingefügt werden sollten, selbst wenn sie im Wörterbuchkatalog als Themeneinträge behandelt würden ; Tatsächlich ist es, fair betrachtet, die einzig richtige Verfahrensmethode.

Die unten genannten Bücher werden in Gruppen zusammengefasst, da sie alle in der einzigen Klasse „Geschichte" der Dewey-Klassifikation zusammengefasst sind. Durch die Brown-Methode wird „Biographie und

Korrespondenz" von „Geschichte und Geographie" getrennt und in eine andere Klasse umgewandelt, obwohl es oft sehr schwierig ist, die Trennlinie zwischen Geschichte und Biographie in den Leben von Monarchen und anderen historischen Memoiren zu finden. Die Klassen und Unterteilungen sind für jeden Artikel in der Form angegeben. Es wird empfohlen, die Katalogzettel zum Sortieren zu markieren, bis die Zeit für die Druckvorbereitung gekommen ist.

Geschichte.
Reisen und Reisen.
Arktische Regionen.
N.-E. Passage.

Nordenskiöld, AE

Die Reise der Vega um Asien und Europa; übers. von Alex. Leslie, S. VIII, 414, Ports., Karten, Abb. sm. 8o. 1886

Wenn die Dewey- oder Brown-Klassifikationen verwendet würden, würde der Eintrag anstelle der Markierung mit Klassen- und Fachüberschriften wie oben einfach mit 919 oder F1356 gekennzeichnet.

Geschichte.
Europa.Irland.

Bagwell, Richard.

Irland unter den Tudors. 3 V. 8o. 1885-90

(Dewey-Nummer 941.55. Braune Marke F826.)

Geschichte.
Biographie der Literatur.

Fitzgerald, Percy.

Das Leben von Lawrence Sterne. Hafen. 2 v. sm. 8o. 1896

(Dewey-Nummer 928. Braune Marke G88-Sterne.)

Geschichte.
Reisen und Reisen.Europa.Russland.

Hapgood , Isabel F.

Russisches Geschwafel. S. xiv, 369. sm. 8o. 1895

(Dewey-Nummer 914, 7. Braune Marke F 1168.)

110. – Wie bereits erwähnt, besteht die Hauptschwierigkeit bei klassifizierten Katalogen, insbesondere wenn die Klassifizierung bis zu ihren Grenzen ausgeweitet wird, darin, dass sich Personen, die den Katalog verwenden, mit seiner Anordnung vertraut machen müssen, bevor sie ihn angemessen nutzen können. Um also ein Buch über Russland zu finden, muss die geografische Reihenfolge durchdacht werden, und um ein Leben von Sterne zu finden, muss man sich zunächst daran erinnern, dass er als Autor in die literarische Abteilung der Biographie oder, wenn es sich um ein Leben von Sterne handelt, fallen wird Wird William Penn gesucht, muss herausgefunden werden, ob er je nach dem Gesichtspunkt, von dem aus er betrachtet wird, in die Biographie der Religion oder der Geschichte eingeordnet wird.

Das System von Herrn Brown beseitigt einige dieser Schwierigkeiten, da er seine Länder größtenteils alphabetisch nach Kontinenten und seine Biographien von Einzelpersonen insgesamt alphabetisch nach Themen ordnet. In einigen neueren klassifizierten Katalogen wurde diese Idee weiterentwickelt und alle Kontinente und Länder der Welt in einem Alphabet angeordnet, wie Abessinien, Afghanistan, Afrika, Algerien, Asien usw., mit einer jeweils geeigneten Unterteilung gefordert. Diese alphabetische Anordnung wurde auch in den Hauptabteilungen der Klassen „Bildende Künste" und „Gebrauchskünste" durchgeführt und erleichtert sicherlich die Bezugnahme, obwohl man zugeben muss, dass sie von dem wichtigen Prinzip der Vermittlung eines vollständigen Überblicks abweicht ein Thema in all seinen Facetten, zunächst im Allgemeinen, dann im Besonderen bis zu seinen feinsten Grenzen. Von diesem Grundsatz kann bei der Behandlung der *Einzelbiographie* durchaus abgesehen werden, dann würde die Form der Eintragung umgekehrt sein, z

Biografie.

Sterne, Laurence, Das Leben von, von Percy Fitzgerald. Hafen. 2 v. sm. 8o. 1896

Nach dem Dewey-System werden Belletristikwerke ordnungsgemäß nach Sprachen, Epochen und Autoren in der Hauptklasse „Literatur" eingeordnet, die meisten Bibliotheken müssen jedoch eine separate Klasse für diese Art von Literatur einrichten. Dies wurde in der Brown Adjustable Classification berücksichtigt, wobei die Anordnung alphabetisch nach Autoren mit einem separaten Abschnitt für Bücher für Jugendliche erfolgt, der wiederum in Bücher unterteilt ist, die speziell für Jungen geschrieben wurden, und wiederum in Bücher für Mädchen. Diese beiden Hauptunterteilungen in belletristische Werke (*z. B.* Romane) und Märchenbücher für Kinder sind in der Katalogisierung ausreichend, da die Einträge alphabetisch nach Autoren sortiert sind. Das Wörterbuchprinzip eines Titeleintrags kann mit Vorteil hinzugefügt werden, und die Titel werden entweder in separater alphabetischer Reihenfolge oder bequemer an ihrer Stelle im selben Alphabet wie die Autoreneinträge angegeben, wobei natürlich alle Einträge in ihrer jeweiligen Klasse zusammen bleiben .

111. –Je ausführlicher die Klassifizierung in einem Rubrikenkatalog ist, desto größer ist der Bedarf an einem angemessenen Verzeichnis der Autoren und Themen. Der Index kann ein einfacher Verweis unter dem Namen des Autors auf die Seite sein, auf der sich der Eintrag befindet, z

Ward, James 130

Dies erfordert jedoch eine Suche von Seite zu Seite und fast von Zeile zu Zeile auf jeder Seite, wenn der Autor mehrere Bücher geschrieben hat, die in verschiedenen Teilen des Katalogs erscheinen. Dies ist beispielsweise der Indexeintrag zu einem so indizierten Katalog:

Hamerton , PG, 42, 84, 86, 119, 125, 149, 151, 163, 165, 174, 175, 176, 190, 213, 215, 252, 330, 366.

Die einzige Möglichkeit, dies zu vermeiden, besteht darin, für jedes Buch einen kurzen Titel anzugeben, der gerade ausreicht, um es zu identifizieren. Diese Methode nimmt zwar etwas Platz in Anspruch, ist es aber wert. Das folgende Formular bezieht sich auf:

Hamerton , PG Zeichnung und Gravur, 86.

— Französisch und Englisch, 119.

— Menschlicher Verkehr, 42.

— Moderne Franzosen, 149.

— Gedanken zur Kunst, 84.

Die gleiche Schwierigkeit würde bei der Indexierung von Themen nicht auftreten, da das gesamte Thema an einer Stelle oder fast dort gruppiert wäre und der Verweis auf die Seite oder Seiten einfach genug wäre. Ein Beispiel für diesen Themenindexeintrag aus demselben Katalog ist

Frankreich (Geschichte), 124, 126, 136.

— (Beschreibend) 215.

— Die Kirche in, 139.

— Sprache und Literatur, 246, 280.

Deutsch-Französischer Krieg, 136.

Bei den Dewey- und Brown-Notationen würde die Indizierung nach Klasse und Themennummer und nicht nach Seiten erfolgen

Ornament, 745.

Poesie, Englisch. 821.

Christus, Leben von. E 168.

Unabhängig vom verwendeten Klassifizierungssystem könnte jeder einzelne Abschnitt einer Klasse zu Indexierungszwecken fortlaufend nummeriert werden (wie dies in diesem Buch der Fall ist), und wenn die Abschnitte nicht ungewöhnlich groß wären, wäre die Referenzierung dadurch viel einfacher und direkter als durch die Seite .

Wenn der Abschnitt oder die Klasse der Prosaliteratur alphabetisch nach Autoren geordnet wäre, gäbe es keinen Anlass, die Autoren dieses Abschnitts in den Index aufzunehmen, sondern nur eine allgemeine Aussage am Anfang des Index, die darauf hinweist, dass dies nicht der Fall ist also im Lieferumfang enthalten wäre der Fall. Nach einem ähnlichen Prinzip wäre es kaum notwendig, die *Themen* der einzelnen Biografien zu indexieren, wenn sie wie vorgeschlagen alphabetisch geordnet wären, obwohl man bedenken muss, dass viele von ihnen im Index als Autoren erscheinen würden.

Es ist üblich, das Autoren- und das Themenverzeichnis getrennt zu führen, wobei manchmal eines am Anfang und das andere am Ende des Katalogs steht. Es scheint keinen wichtigen Grund für die Annahme dieses Kurses zu geben, und beide Indizes könnten durchaus zusammengelegt werden und so ein Merkmal der Wörterbuchform zum klassifizierten Katalog hinzufügen, außerdem wäre es einfacher, darauf zu verweisen. Auf keinen Fall darf auf eine Zusammenfassung der gewählten Klassifikation mit Angabe der Reihenfolge ihrer Anordnung verzichtet werden. Diese sollte besser am Anfang platziert werden als am Ende, wo der Index stehen wird.

Die Indexeinträge können auf Wunsch bereits beim Verfassen des Haupteintrags für den Katalog erstellt werden, wenn dafür ein kleinerer Zettel verwendet werden soll; Es erweist sich jedoch als zweckmäßig, den Index aus den Probeabzügen des Druckers zusammenzustellen, während das Werk die Druckmaschine durchläuft. Mit der Dewey- und Brown-Nummerierung gibt es keinen Grund zu warten, bis das Werk so weit fortgeschritten ist, und der Index kann genauso einfach zusammengestellt werden, bevor ein Teil der „Kopie" an den Drucker gesendet wird, wie wenn er in Druckschrift vorliegt.

112. – Es kann notwendig sein, hinzuzufügen, dass die Haupteinträge eines klassifizierten Katalogs nach Klassen- und Themennamen oder -nummern geordnet sind, wie in den Beispielen gezeigt, und nicht nach Autoren, wie im

Wörterbuchkatalog, sondern nach den Autoren von Büchern unter einem bestimmten Thema zusammengefasst wären, wäre eine Selbstverständlichkeit alphabetisch geordnet.

KAPITEL XIII.
ALPHABETISIERUNG UND ANORDNUNG.

113. – Auf den ersten Blick scheint es eine einfache Angelegenheit zu sein, Zettel in alphabetischer Reihenfolge zu ordnen – „ so einfach wie a, b, c" – aber gemessen an den gemachten Fehlern und der geringen Anzahl von Personen, denen sie vorgelegt wurden Es lässt sich richtig alphabetisch ordnen , es ist nicht so einfach, wie es scheint. Die Anordnung muss natürlich dem englischen Alphabet entsprechen und unabhängig von der Sprache der Einträge müssen I und J sowie U und V als unterschiedliche Buchstaben und dann durch jedes einzelne Wort getrennt gehalten werden.

Eines der ersten Prinzipien besteht darin, alle Einträge, die mit demselben Wort beginnen, entsprechend dem zu ordnen, was als Priorität und Wichtigkeit des Eintrags verstanden wird, nämlich (1) Autor und andere persönliche Namen; (2) Subjektnamen; (3) Buchtitel; wie zum Beispiel:

Irland, Alex. (*Hrsg.*) Das Enchiridion des Buchliebhabers.

      (Autor.)

Irland.

Bagwell, R. Irland unter den Tudors.

      (Thema.)

Irland: eine Geschichte. Martineau, H.

      (Titel.)

Es wurde bereits gezeigt, dass allen Wörtern mit demselben Anfangsbuchstaben Anfangsbuchstaben vorangehen und nach der gleichen Regel alle Namen mit einem bestimmten Anfangsbuchstaben für den Vornamen vor denen mit dem vollständigen Vornamen stehen, as

Fitzgerald, PF

Fitzgerald, Percy.

Fitzgerald, SJA

Fitzgerald, Samuel.

Wenn im Katalog mehrere Personen mit dem gleichen Nachnamen und Anfangsbuchstaben aufgeführt sind, sollte der Übersichtlichkeit halber auch versucht werden, den vollständigen Namen herauszufinden, für den der Anfangsbuchstabe steht, und ihn anzugeben. Wenn dies nicht möglich ist, ist es sehr wichtig, darauf zu achten, Bücher von verschiedenen Autoren nicht einem einzigen oder von einer Einzelperson verschiedenen Autoren zuzuordnen. Das sind Fehler, die viel häufiger gemacht werden, als man annehmen könnte.

Monarchen, die als Autoren oder Untertanen ähnliche Namen haben, sind in chronologischer Reihenfolge angeordnet, wobei die britischen Herrscher an erster Stelle stehen, wie z

Wilhelm I., der Eroberer.

Wilhelm III., Prinz von Oranien.

Wilhelm IV.

Wilhelm II., Kaiser von Deutschland.

Darauf folgten Personen mit einem einzigen Namen, z

Wilhelm *von Malmesbury* ,

und dann von anderen Personen mit William als Nachnamen, alphabetisch nach ihren Vornamen oder Initialen geordnet. Wenn Titel verwendet werden und im Namen erscheinen, wie Lord, Lady, Sir, Rev., Dr., werden sie ignoriert und dürfen die Anordnung nicht im geringsten beeinflussen, selbst wenn es keine andere Unterscheidungsmöglichkeit gibt eine Person, und wenn der Vorname nicht ermittelt werden kann, würde ein solcher Name vor allen anderen mit demselben Namen gesetzt und genau so behandelt werden, als ob nur der Nachname bekannt wäre und kein Titel bestünde, als

Lamm, Dame.

Lamm, Arthur.

Lamm, Charles.

Wenn zwei Adlige mit demselben Titel denselben Vornamen haben , sollten sie in der Reihenfolge ihrer Nachfolge angeordnet werden, wobei ihre Reihenfolge als angezeigt wird

Derby, Edward, 14. Earl of.

Derby, Edward, 15. Earl of.

und Eltern und Kinder mit ähnlichen Namen werden nach Dienstalter geordnet

Dumas, Alexandre.

Dumas, Alexandre, *geb.* .

Manchmal wird empfohlen, Unterscheidungen dieser Art mit dem Nachnamen zu verbinden, z

Johnson *senior*, Thomas.

Johnson *junior*, Thomas.

aber das ist keine sehr glückliche Form.

Namen einer Person in unterschiedlichen Formen dürfen nicht alphabetisch nach diesen Formen sortiert werden, sondern müssen einzeln ausgewählt und alle darunter konzentriert werden, da es töricht wäre, separate Einträge beispielsweise unter Shakespeare , Shakespeare, Shakspear , Shakspeare zu haben , obwohl dies aufgrund der Vielfalt im Namen möglich ist *in den verschiedenen Einträgen* unter dem angenommenen Formular angezeigt werden .

114. – Es wurde bereits gezeigt, dass verschiedene Ausgaben desselben Werkes möglichst in der Reihenfolge ihrer Veröffentlichung anzuordnen sind und dass Ausgaben in der Sprache des Originals vor Übersetzungen und vollständige Werke vor Teilen oder Auszügen stehen. Darauf folgen wiederum Werke *über* den Autor als Thema, *d*. h. biografische und kritische Werke, in denen kein Anlass besteht, seinen Namen als Schlagwort zu wiederholen, da der Wiederholungsstrich weggelassen werden kann, um anzuzeigen, dass er nicht der Autor ist eines Buches auf sich selbst, ein Fehler, den selbst der dümmste Mensch wahrscheinlich nicht begehen wird, wenn der Name des Autors des Buches auf den betreffenden Autor in die Irre führt

Lamm, Charles. Die Essays von Elia.

— Mrs. Leicesters Schule.

Ainger , A. Charles Lamb.

Martin, BE Auf den Spuren von Lamb.

Diese Anordnungsreihenfolge kann vollständig wie folgt tabellarisch dargestellt werden :

1. Vollständige Werke im Original (nach Erscheinungsdatum).

2. Vollständige Werke in Übersetzung (nach Erscheinungsdatum).

3. Halbvollständige Werke (*d. h.* mehr als ein einzelnes Werk).

4. Einzelne Werke, alphabetisch nach Titeln geordnet, zuerst im Original und dann in Übersetzungen der jeweils unmittelbar darauf folgenden Werke.

5. Werke, bei denen der Autor Mitautor ist.

6. Funktioniert, wenn er nur Editor oder Compiler ist.

7. Referenzen *der* Person als *Autor*.

8. Werke, die sich auf ihn beziehen, alphabetisch nach Autoren geordnet.

9. Referenzen *der* Person als *Subjekt*.

Wie bereits in Abschnitt 52 ausgeführt, werden Namen mit Präfixen als Teil des Namens übernommen und entsprechend geordnet. Wenn das Präfix als M', Mc oder St. abgekürzt wird, wird es in der Reihenfolge angeordnet, als würde es Mac oder Saint geschrieben. Dies bedeutet nicht, dass der Name im Katalog entsprechend geändert werden muss, sondern bezieht sich nur auf die Bestellung. Namen wie „Müller" sollten als „Müller" geordnet werden, wobei darauf zu achten ist, dass andere Einträge nicht unter „Müller" stehen, aber dies ist eine Angelegenheit, die am besten je nach den Umständen des Falles geklärt werden kann, da beispielsweise „Goethe" so alphabetisch geordnet werden sollte, und nicht wie Göthe. Diphthonge werden als separate Buchstaben alphabetisch geordnet.

115. – Abgekürzte Wörter in Titeleinträgen werden ebenfalls so behandelt, als wären sie vollständig angegeben, und folglich „Dr. Thorne" und „Mr. „Isaacs" stehen nicht unmittelbar vor „Drab" und „Mud", sondern jeweils vor „Doctor" und „Mister". Es muss kaum gesagt werden, dass „Mrs. Bligh" oder jede andere Mrs. wird weder in der abgekürzten noch in der umgangssprachlichen Form alphabetisch aufgeführt, sondern als „Mistress" und steht daher nicht zwischen „ Mozley " und „ Muddock ". Andere abgekürzte Wörter sind nach demselben Plan angeordnet. „Fo'c's'le Yarns" erscheint als „Forecastle", obwohl die Ausnahme von dieser Regel in anderen Elisionen zu finden ist, die in solchen Einträgen enthalten sind, wie z

Es war in Trafalgar's Bay.

„Zwischen Schnee und Feuer."

Wer war Philipp?

Wer ist schuld?

die wie hier gezeigt alphabetisch geordnet sind und nicht unter „Es", „zwischen" oder „Wer ist".

Zusammengesetzte Wörter, unabhängig davon, ob sie durch einen Bindestrich getrennt oder als ein Wort gedruckt werden, werden so angeordnet, dass sie dem einzelnen Wort folgen:

Buchen Sie für die Hängematte.

Buch des Unsinns.

Buchbinderei.

Buchkauf.

Buchhaltung.

Exlibris.

Bücher.

New South Wales.

Neues Testament.

Neuseeland.

Newcastle.

Neufundland.

Newgate.

Wenn Ziffern in einem Titeleintrag beginnen, werden sie alphabetisch geordnet, als ob sie in Worten geschrieben oder gedruckt wären; daher

1.000.000-Pfund-Banknote, The.

97. Regiment, Geschichte des.

200 £ Belohnung.

werden als „Eine Million", „Siebenundneunzigste" bzw. „Zweihundert" geordnet.

116. – Es ist notwendig, die Anweisungen zu wiederholen, um die Artikel „A", „An" und „The" in alphabetischer Reihenfolge zu ignorieren, wenn sie einen Titel einleiten oder für alphabetische Zwecke transponiert werden, jedoch nicht anders. Mitten in einem Titel muss mit ihnen gerechnet werden, und deshalb kommt „Under a Strange Mask" vor „Under Drake's Flag" und „Mr. und Mrs. Faulconbridge" vor „Mr. Bakers Geld." Das Possessiv ist als Buchstabierung zu behandeln, und so steht „Miners and Their Works" vor „Miner's Right, The", und „Boys' and Girls' Book of Games" steht zwischen „Boys' Adventures" und „Boys and I"."

Manchmal werden Einträge zu völlig unterschiedlichen Themen, die gleich geschrieben sind, beim Sortieren versehentlich unter einer einzigen Überschrift zusammengefasst, und so werden Bücher wie „*The Great Seals of England*" von Wyon; „*Seals of the British Seas*" von Southwell; und „*Catalog of seals in the British Museum*" von Birch werden zur Verwirrung des Naturforschers oder Antiquars zusammengeführt. Glücklicherweise gibt es nicht viele solcher Themen, sonst würde der mechanische Katalogisierer mit Faustregeln häufiger für Gelächter sorgen als jetzt.

Gelegentlich wird es ratsam sein, die alphabetische Reihenfolge der Titel der Bücher unter dem Namen eines Autors zu ignorieren, beispielsweise wenn mehrere Bücher mit unterschiedlichen Titeln in einer bestimmten Reihenfolge gelesen werden sollen, wenn dies vorteilhafter ist Ordnen Sie sie also an, anstatt sich an die alphabetische Reihenfolge zu halten. Es sollte ein Hinweis hinzugefügt werden, dass die Anordnung der Reihenfolge entspricht.

KAPITEL XIV.
DRUCKEN.

117. – Die Zettel werden in alphabetischer Reihenfolge sortiert, wenn es sich um einen Wörterbuchkatalog handelt, oder nach Klassen und Abteilungen, wenn es sich um einen klassifizierten Katalog handelt, und müssen auf Papierbögen abgelegt werden, um sie an den Drucker zu senden. Diese Papierbögen sollten dünn, robust und gleichmäßig groß sein, aber die Farbe und Qualität spielen keine Rolle und braunes oder billiges Druckpapier reicht aus. Die Zettel werden zunächst erstellt, indem alle Teile des Eintrags, die nicht gedruckt werden sollen, wie z. B. der Name des Autors, aus dem zweiten und den folgenden Einträgen unter seinem Namen herausgeschnitten werden, und auf die gleiche Weise die Betreffüberschrift von den Zetteln abgeschnitten wird, in denen mehr vorhanden sind mehr als einen Eintrag unter dem Betreff. Das ist besser, als alles niederzulegen und anschließend zu markieren, was nicht gedruckt werden soll. Die Blätter sollten zuerst vollflächig beklebt werden, die Zettel der Reihe nach darauf gelegt werden, normalerweise in zwei Spalten, und dann sollte alles festgedrückt werden. Es sollte ein wenig Randraum für das Einfügen zusätzlicher Einträge gelassen werden.

Wenn die Einträge auf Karten geschrieben sind und man die Arbeit vermeiden möchte, sie auf Papierbögen niederzulegen, sollten die Namen und Überschriften, die nicht gedruckt werden sollen, durchgestrichen und die Karten in Stapeln von etwa hundert Stück aneinandergereiht werden Durch das Loch, das normalerweise in sie gebohrt ist, werden sie aus Gründen der Ordnung und Sicherheit vom Anfang bis zum Ende durchnummeriert. Besteht das „Exemplar" aus den gedruckten Seiten eines früheren Katalogs mit einzufügenden Neuzugängen, ist zunächst die Seite auf das Blatt zu legen und die neuen Einträge darunter zu platzieren, wobei diese auf jedem Blatt gesondert fortlaufend nummeriert und mit einer entsprechenden Nummer gekennzeichnet werden auf der Seite genau an der Stelle, an der der neue Eintrag eingefügt wird. Sollte es eine vergleichsweise große Anzahl solcher Einfügungen geben, ist es viel sicherer und für den Drucker gerechter, die gedruckte Seite zu zerschneiden und die zusätzlichen Einträge in der richtigen Reihenfolge anzubringen, bevor sie auf das Blatt Papier gelegt werden.

118. – Die fertigen Blätter müssen durchgängig fortlaufend nummeriert sein, mit einer fett gedruckten Zahl in der rechten oberen Ecke, und bevor sie an den Drucker geschickt werden, sollten sie zur Überarbeitung endgültig durchgesehen werden. Dies ist der günstigste Zeitpunkt, um die „Kopie" für

Abweichungen im Typ zu markieren. Die Kennzeichnung lautet üblicherweise wie folgt:

Bei GROSSBUCHSTABEN dreimal mit schwarzer Tinte unterstreichen.

Bei KAPITÄLCHEN zweimal mit schwarzer Tinte unterstreichen.

Bei *Kursivschrift* einmal mit schwarzer Tinte unterstreichen.

Für **Clarendon** oder andere schwere Schriften wie oben rot unterstreichen.

bei Schriftarten, die kleiner als der Hauptteil des Katalogs sind, die Abschnitte am Rand in Rot und Schwarz oder Rot und Blau.

Bevor der Katalog zum Drucken verschickt werden kann, muss über die Form des Katalogs, die Größe der Seiten, die Qualität und Farbe des Papiers, die zu verwendenden Sorten und die Art der Bindung entschieden und eine Spezifikation festgelegt werden bereit, den Drucker bei seiner Arbeit anzuleiten oder Ausschreibungen einzuholen, wenn die Druckarbeit für den Wettbewerb offen ist, wie es bei allen Arbeiten, die für öffentliche Einrichtungen ausgeführt werden, am häufigsten der Fall ist. Persönliche Vorlieben bestimmen viele Dinge im Zusammenhang mit der „Erstellung" eines Katalogs, obwohl in den meisten Fällen eine Grenze durch die Notwendigkeit einer Sparsamkeit bei den Druckkosten gesetzt wird, so wie es so oft bei der Sparsamkeit bei der Zusammenstellung der Fall ist. Es kann auf die Stile verwiesen werden, die üblicherweise in den Katalogen der Ausleihabteilungen der gebührenpflichtigen Bibliotheken verwendet werden.

119. – Die sparsamste und gebräuchlichste Form ist das Format „Royal Octavo", gedruckt mit zwei Spalten auf der Seite in kürzerer Schrift, mit den Betreffzeilen in kräftigerer Schrift und Anmerkungen und Inhaltsverzeichnis in Nonpareil. Manchmal sind die Namen der Autoren im Haupteintrag in Groß- und Kleinbuchstaben gedruckt, was der Unterscheidung sehr gut dient. Gelegentlich sieht man Kataloge, in denen die Schlagworte in Großbuchstaben geschrieben und die Namen der Autoren in stärkerer Schrift gedruckt sind, was zur Folge hat, dass die Autoren zu prominent und die Themen nicht prominent genug sind. Wenn die Namen der Autoren in allen Einträgen in schwärzerer Schrift gedruckt werden und auch die Regal- oder andere Fundnummer, wird das Erscheinungsbild stark beeinträchtigt, da die Seite ein fleckiges Aussehen hat, das für das Auge äußerst unruhig ist, und der Zweck, für den die schwere Schrift gedacht ist angenommen ist besiegt. Im Großen und Ganzen wird man feststellen, dass die schwerere Schriftart sparsam verwendet werden muss, um effektiv zu sein, und da die Themenüberschriften viel weniger zahlreich sind als die Namen der Autoren, wird die würdevollste und zufriedenstellendste Seite durch die Verwendung einer schwereren Schriftart für die Überschriften erzielt für die Namen der Autoren. Während sich dies hauptsächlich auf den Wörterbuchkatalog bezieht, ist es auch der beste Stil, den man für den klassifizierten Katalog übernehmen kann. Alle verwendeten Schriftarten sollten so einfach wie möglich sein, entweder alt oder modern, ohne ausgefallene Buchstaben, und die schwerere Schriftart sollte in Stil und Größe der im Hauptteil des Katalogs verwendeten ähneln. Wenn zwei Schriftgrößen für Unterscheidungszwecke verwendet werden, ist es üblich, eine Größe zu überspringen, um die Unterscheidung klarer zu machen. Wenn es sich also bei der Hauptschrift um eine lange Grundschrift handelt, sollten die Inhalte und Anmerkungen in Brevier und nicht in Bourgeois gesetzt werden. und nonpareil sollten mit brevier und nicht mit minion verwendet werden. Die folgenden Typenexemplare werden sich als nützlich erweisen, insbesondere weil sie den von jeder Größe eingenommenen Zeilenraum zeigen:

GRÖSSEN DES TYPS.

This line of type is modern-faced......... (Pica.)
This line of type is modern-faced......... (Small Pica.)
This line of type is modern-faced............ (Long Primer.)
This line of type is modern-faced...........................(Bourgeois.)
This line of type is modern-faced................................. (Brevier.)
This line of type is modern-faced .... (Minion.)
This line of type is modern-faced..(Nonpareil.)

This line of type is old-faced............... (Pica.)
This line of type is old-faced............ (Small Pica.)
This line of type is old-faced.................. (Long Primer.)
This line of type is old-faced ....(Bourgeois.)
This line of type is old-faced .... (Brevier.)
This line of type is old-faced ....(Minion.)
This line of type is old-faced ....(Nonpareil.)

120. – Eine andere häufig anzutreffende Katalogart ist die Größe „Demy Octavo", auf der ganzen Seite in langem Buchdruck mit den Schlagworten „Clarendon" oder „De Vinne" und kürzeren Anmerkungen und Inhalten gedruckt . Dies ist eine sehr wirkungsvolle Form für eine Klassenliste oder für den ersten Katalog einer neuen Bibliothek, da sie den Vorteil hat, dem Katalog ein imposantes Aussehen zu verleihen, egal wie dürftig die Büchersammlung ist. Natürlich ist es viel einfacher zu lesen und ergibt insgesamt eine bessere Seite, aber es erhöht den Umfang und die Kosten des Katalogs erheblich und gibt dem Drucker außerdem mehr „Fett", wie die weißen oder unbedruckten Teile der Seite genannt werden. Dieser Stil ist für die Präsenzbibliothek vorzuziehen, wo die Größe des Katalogs keine Rolle spielt, da er nicht mitgeführt werden muss.

Es gibt Variationen dieser Größen und Typen, die von Super Royal Octavo und Crown Quarto bis hin zu Duodecimo reichen, mit Typen von Small Pica bis Nonpareil. Die Anzahl der Exemplare der Auflage hängt von der Anzahl oder voraussichtlichen Anzahl der Käufer des Katalogs während eines bestimmten Zeitraums von Jahren ab, wobei allein die örtlichen Gegebenheiten in dieser Angelegenheit ausschlaggebend sind.

121. – Bevor eine Spezifikation zum Drucken von Kostenvoranschlägen verschickt wird, ist es sicherer, zufriedenstellender und für alle Beteiligten gerechter, eine Musterseite erstellen zu lassen, die alle zu verwendenden Typen in annähernd angemessener Menge enthält. Die Kosten für eine solche Seite sind gering, aber der Bibliothekar weiß dann genau, was er verlangt und was ihn erwartet, und der Drucker versteht besser, worum es geht. Alle anderen Punkte sind unserer Meinung nach in der folgenden veranschaulichenden Spezifikation enthalten, die nicht der einer bestimmten Bibliothek entnommen ist, sondern prägnant die als besten angesehenen Merkmale mehrerer Spezifikationen darstellt.

CORPORATION OF LAMBWELL.

Spezifikation für den Druck des Katalogs der öffentlichen Bibliothek.

Das Komitee der Freien Öffentlichen Bibliothek lädt unter folgenden Bedingungen zu Angeboten für den Druck eines Katalogs seiner Leihbibliothek ein:

Auflage und Größe. — Die Auflage soll aus dreitausend Exemplaren im königlichen Oktavformat bestehen (z. B. 9¼ × 6 im gebundenen Zustand).

Papier. – Mindestens 30 Pfund wiegen. riesengroß, von gutem Finish, weiß, durchgehend gleichmäßige Tönung.

Typ und Einstellung. — Brevier im alten Stil, mit gelegentlichen kleinen Großbuchstaben, Kursivschrift und Clarendon oder Antik, mit unvergleichlichen Anmerkungen und Inhalten und den richtigen Akzentbuchstaben in Fremdsprachen. Soll fest sein, zwei Spalten pro Seite, siebzig Zeilen pro Spalte, jeweils fünfzehn Ems breit, mit doppelten Teilungsregeln dazwischen. Umsatzzeilen müssen um zwei Geviert eingerückt werden, der Wiederholungsstrich muss eine Eingeviert- Regel sein, der Klassenbuchstabe und die Klassenzahl müssen um vier Geviert stehen, der Nonpareil-Einzug muss um zwei Geviert sein. Die Leerzeichen zwischen dem Ende des Bucheintrags und dem Klassenbrief werden mit Leitern ausgefüllt. Der Typ darf nicht abgenutzt oder gebrochen sein und muss frei von falschen Schriftarten sein.

Bearbeitung. — Die Blätter müssen gut in perfektem Register und mit guter Tinte bearbeitet und anschließend gerollt oder gepresst werden.

Zeit. — Ab dem ersten Erhalt der Kopie muss die Arbeit mit mindestens zwei Blatt à sechzehn Seiten pro Woche bis zur Fertigstellung fortgeführt werden, andernfalls muss die Druckerei einen Betrag von zwei Pfund pro Woche als Schadensersatz zahlen.

Beweise. — Zwei Kopien des Korrekturabzugs in Galeere und zwei Kopien einer überarbeiteten Seite, die zum Lesen und Korrigieren bereitgestellt werden. Der Bibliothekar hat das Recht, eine Überarbeitung in Druckschrift und solche Überarbeitungen in Seiten zu verlangen, die er für notwendig hält. Es darf kein Blatt an den Druck geschickt werden, bis es mit Zustimmung des Bibliothekars angeordnet wurde.

Ergänzungen und Korrekturen. — Der Bibliothekar hat das Recht, zusätzliches Material in die Fahne einzufügen, jedoch nicht in die Seite. Für Korrekturen des Autors werden keine Gebühren erhoben, sofern nicht zum Zeitpunkt der Erstellung darauf hingewiesen und der Preis festgelegt wird.

Seitenzahl. [4] – Die Anzahl der Seiten wird auf etwa 250 geschätzt, die Zahl kann jedoch nicht garantiert werden.

Abdeckungen. – Dreitausend Umschläge, die auf farbigem Papier mit einer zugelassenen Tönung und einem Gewicht von mindestens 34 Pfund gedruckt werden sollen. zum Ries (königlich). Die Vorderseite dieses Umschlags wird mit dem Titel des Katalogs bedruckt.

Bindung. — Die gesamte Ausgabe muss in gute Strohbretter geeigneter Dicke gebunden, fest mit Faden vernäht, mit Stoffstreifenrückseite, die Einbände an den Seiten geklebt und bündig geschnitten sein. Nach dem Versand des letzten Bogens an den Druck werden vierzehn Tage für die Bindung eingeräumt.

Lieferung. — Die fertigen Kataloge werden in braune Papierpakete zu je fünfzig gebunden und an die Public Library, High Street, Lambwell geliefert.

Zart. — Das Angebot muss pro Seite für den Brevier-Typ bzw. für den Nonpareil-Typ erfolgen, wobei der Preis alle Kosten für Druckkorrekturen, Umschläge, Bindung und Lieferung einschließt.

Andere Bedingungen. — Die Arbeit muss zur vollsten Zufriedenheit des Bibliothekars ausgeführt werden, und wenn er mit ihrer Ausführung unzufrieden ist, hat er die Befugnis, die Arbeit einzustellen und die Angelegenheit an den Bibliotheksausschuss weiterzuleiten, dessen Entscheidung endgültig und bindend ist.

Der Ausschuss verlangt von der Firma, deren Angebot angenommen wird, den Abschluss eines Vertrags zur Ausführung der Arbeiten gemäß dieser Spezifikation und ihren Bedingungen.

Nach Abschluss der Arbeiten werden die Arbeiten vermessen und entsprechend der verwendeten Menge an Brevier und Nonpareil Gebühren berechnet und die Zahlung erfolgt innerhalb von drei Monaten danach.

Der Ausschuss verpflichtet sich nicht, das niedrigste oder ein beliebiges Angebot anzunehmen.

Angebote mit Mustern des zu verwendenden Papiers sind in versiegelten Umschlägen mit dem Vermerk „Katalog" am oder vor dem 20. November 1898 an den Unterzeichner zu senden.

JOHN E. BURKETT, *Bibliothekar*.

122. – Nachdem der Drucker und der Preis festgelegt wurden, wird ein Vorrat an „Kopie" verschickt und zu gegebener Zeit werden Korrekturabzüge in „Fahne", *dh* in langen Spalten, bevor die Angelegenheit in Seiten „zerlegt" wird, empfangen. Zu den Erstabzügen gehören nicht das Titelblatt, das Vorwort und andere Vorblätter, die bei Fertigstellung des Werkes stets als letztes gedruckt werden, weshalb das Exemplar für diesen Teil des Katalogs nicht an die Druckerei geschickt werden muss bis die Arbeiten kurz vor ihrem Abschluss stehen. Das Manuskript oder eine andere „Kopie" wird mit den Korrekturabzügen zurückgesandt und sollte von einer qualifizierten Person dem Katalogisierer sorgfältig und deutlich vorgelesen werden, der die Korrekturabzüge korrigiert, indem er die Korrekturen am Rand markiert. Wenn die vorliegenden Korrekturabzüge so durchgelesen wurden, empfiehlt es sich für den Katalogisierer, sie vor der Rücksendung an die Druckerei noch einmal sorgfältig durchzulesen, abgesehen von der Kopie, da die Korrektur im Druck wesentlich einfacher ist als auf der Seite. An dieser Stelle müssen eventuell einzufügende Ergänzungen angegeben werden, da diese nicht ohne großen Aufwand zu Korrekturabzügen in Seitenform hinzugefügt werden können, was zu einer Unterbrechung der geleisteten Arbeit und folglich zu Verzögerungen führt. Nachdem die Probeabzüge vollständig korrigiert wurden, werden sie von der Druckerei mit einem sauberen Probeabzug (oder „Überarbeitung", wie ein Probeabzug nach der Korrektur genannt wird) in Seitengröße zurückgesendet, wenn alle auf dem Druckfahnen vermerkten Korrekturen mit den Einträgen oder der Überarbeitung verglichen werden müssen. um sicherzustellen, dass sie ordnungsgemäß betreut wurden. Zu diesem Zeitpunkt müssen die Überschriften, Schlagworte und die Nummerierung der Seiten überprüft werden, und wenn die Einträge unter einer Betreffüberschrift durch das

Ende einer Seite oder Spalte geteilt wurden, müssen die wiederholten Überschriften auf der nächsten Spalte oder Seite sorgfältig überprüft werden untersucht. Wenn Bücher unter dem Namen eines Autors auf diese Weise aufgeteilt werden, sollte sein Name oben in der nächsten Spalte oder Seite auf die gleiche Weise wiederholt werden.

Nachdem diese beachtet wurden, sollte das gesamte Blatt noch einmal durchgelesen werden, bevor es endgültig in den Druck geschickt wird, und selbst bei der bereits aufgewendeten Sorgfalt ist es bemerkenswert, wie viele Fehler dann zum ersten Mal entdeckt werden. Wenn die Korrekturen auf einer Seite recht zahlreich sind oder Zweifel daran bestehen, dass ihnen die richtige Aufmerksamkeit zuteil wird, oder eine bestimmte Korrektur von besonderer Bedeutung ist, ist es besser, nach der Korrektur noch einmal am Blatt zu „ziehen" und die Korrektur vorzunehmen Stellen Sie sicher, dass Sie es als „Druckbereit" markieren.

123. – Beim Korrigieren von Beweisen muss man neben der falschen Schreibweise, der falschen Platzierung oder dem Weglassen von Wörtern auch auf andere Fehler achten. Es ist von größter Bedeutung, dass die Nummern oder sonstigen Zeichen, mit denen die Bücher angefordert oder gefunden werden, so korrekt wie möglich sind, da Fehler dieser Art sowohl bei den Lesern als auch bei den Beamten zu Ärger führen. Es muss auch auf die richtige Unterteilung von Wörtern beim Umblättern von Zeilen geachtet werden, auf die Verwendung von Buchstaben in der richtigen Schriftart, während andere einsortiert werden, und auf die Beeinträchtigung des Aussehens der Seite beim Drucken, auf das Entfernen gebrochener Buchstaben, das richtige Maß für „freistehende" Einzüge und Teile, das Entfernen von Quadraten oder Leerzeichen, damit sie auf der gedruckten Seite nicht sichtbar sind, und andere Elemente dieser Art. Die in Anhang D enthaltene Katalogspalte enthält die meisten Fehler, die normalerweise gemacht werden, mit den Zeichen, die bei der Korrektur verwendet werden, und wird von Erläuterungen dazu begleitet. Die Korrekturen sind am Rand des Musters und nicht auf der Drucksache zu vermerken, da sie sonst übersehen werden. Es wird die gleiche Seite wie korrigiert angezeigt.

Wenn der Katalogisierer nach gebührender Beachtung all dieser Details in der Lage ist, ein Werk ohne Makel bei der Zusammenstellung oder dem Druck zu erstellen , kann er sich selbst herzlich gratulieren, obwohl die Öffentlichkeit, die die Bibliothek nutzt, die über einen solchen Katalog verfügt, die Sorgfalt und Sorge selbst dann nicht vollständig zu schätzen wissen wird dafür aufgewendet, und wird dies bald darauf beweisen, indem er fragt, wann „ein neues herauskommen wird".

FUSSNOTEN

[1] Darwinismus und andere Aufsätze von John Fiske. (Macmillan, 1879.)

[2] Dezimalklassifikation und relativer Index, von Melvil Dewey, 15. Auflage. *Boston* , 1894.

[3] Handbuch zur Bibliotheksklassifizierung und Regalanordnung, von James D. Brown. (Library Supply Co.) 1898. (S. 105-160).

[4] Selbst eine sorgfältige Schätzung anhand der „Kopie" kann sich als falsch erweisen, wenn es sich bei dem Werk um eine Schrift handelt und die Tendenz besteht, die Seitenzahl zu hoch anzugeben, wenn der Drucker gemäß den Handelsbräuchen im Rahmen seiner Rechte ist Anspruch auf Gewinn auf der gesamten Seitenzahl, auf der seine Schätzung beruhte, daher ist es besser, eine Sparklausel zu haben und bei der Berechnung der Seitenzahl einen Sicherheitsspielraum auf der geringeren Seite zu belassen.

ANHANG A.

Liste von Wörtern oder Phrasen, die im Zusammenhang mit Büchern vorkommen, mit den bei der Katalogisierung verwendeten Abkürzungen. Bei Angabe einer alternativen Abkürzung wird die zuerst genannte empfohlen.

AUTOREN, HERAUSGEBER UND TITEL.

Herausgeber, bearbeitet	Hrsg.
Herausgegeben	hrsg. herausg.
Übersetzer, übersetzt	übers. tr.
Traduit, Tradotto	trad.
Compiler, kompiliert	komp.
Illustrator	Abb.
Einführung, Einführung	Einführung.
Anonym, anonym	anon.
Pseudonym, Pseudonym	Pseudonym.
Geboren	B.
Gestorben	D.
Gesellschaft	Soc. (In Namen von Gesellschaften, wie *Camden Soc.*)
Daher	(*sic*). Wird manchmal eingefügt, um die Besonderheit der Schreibweise oder Phrase hervorzuheben.

BÄNDE UND SAMMLUNGEN.

Band, Bände	v.
Band	bd.
Teil, Teile	Pkt., Pkt.
Zahl, Zahlen	Nein, nein.
Serie	ser.
Neue Serien	ns.
Broschüre, Broschüren	pamph.
Seiten	S.
Blätter	ll.
Folios	ff.
Illustriert, Illustrationen	illus., ill., il.
Farbig	Kol.
Porträt, Porträts	Hafen., Häfen.
Frontispiz	front., frontis.
Teller, Teller	pl., pls.
Großes Papier	LP
Anzeige	Werbung.
Keine Titelseite	ntp.
Titelseite fehlt	tpw.
IMPRESSUM.	

Kein Datum	nd, ND, sa (d. h. *sine anno* .)
Kein Platz	np
Kein Ort oder Datum	sa et l.
Verschiedene Termine	vd
About (Circa, gefolgt von einem Datum)	C.
Gedruckt, Drucker	pr.
Veröffentlicht, Herausgeber	Kneipe.
Manuskript, Manuskripte	MS., MSS.
Abdruck	repr.
Musterkürzel für Erscheinungsorte (nur)	*Lon.* , *Dub.* , *Edin.* , *Oxf.* , *Camb* . , *L'pool* , *M'chester* , *B'ham* , *N. York* .
Auflage	Hrsg.
BINDUNG.	
Tuch	cl.
Marokko	mehr.
Kalb	vgl.
Halb	hf.
Gebunden	bd.
Bindung	bdg .

Vergoldete Kanten	ge

BUCHGRÖSSEN.

Sextodecimo	16o., 16mo., S
Duodezim	12o., 12mo., Duo., D.
Oktav	8o., 8vo., O.
Viertel	4o., 4to., Q.
Folio	fo ., fol., F.
Klein	sm.
Groß	la.
Super	sup.
Atlas	atl.
Kaiserliche	Kobold.
königlich	Roy .
Demy	dy.
Krone	cr.
Länglich	obl.

ANHANG B.

BIBLIOTHEKSVERBAND DES VEREINIGTEN KÖNIGREICHS.

AUSSCHUSS FÜR GRÖSSENNOTATION.

TABELLE DER BUCHGRÖSSEN.

Notation.			Höhe in Inch.	Breite.	Blätter zur Unterschrift.	Drahtseil aus geripptem oder handgeschöpftem Papier.
FOLIO.						
Atlas f°		(1)	Etwa 30			
La. f° oder {	Kobold. f°	(5)	21½-23	} ⅔ bis ¾ {	Im Zweier, Vierer, Sechser und Achter.	Aufrecht
	Roy. f°	(5)	18½-21			
F°		(2)	13½-18			
Sm. f°		(3, 4)	8½-13			
VIERTEL.						
La. 4° oder {	Kobold. 4°	(5)	13½-16	} ⅘ {	Im Vierer, Sechser und Achter.	Horizontal
	Roy. 4°	(5)	11½-13			
4°		(2)	9½-11			
Sm. 4°		(3)	7½-9			
OCTAVO UND INFRA.						

- 115 -

La. 8° oder {	Kobold. 8° Roy. 8°	(5) (5)	10½-11 9½-10	} ⅔ bis ¾ {	In Achtern und manchmal in Vierern.	Aufrecht
8°		(2)	8-9	”	In Achtern	Aufrecht
Sm. 8°		(3)	6½-7½	”	In Achtern	Aufrecht
12°				”	Im Sechser- und Zwölferbereich	Horizontal
16°		(6)	} 5½-6 {	⅔ bis ⅘	In Achtern und Sechzehnern	Horizontal und senkrecht
18°				⅔ bis ¾	Im Sechser, Zwölfer und Achtzehner	Horizontal
24°			} 4-5 {	”	Im Sechser- und Zwölferbereich	Aufrecht
32°				”	In Achtern und Sechzehnern	Aufrecht
48° oder m°		(7)	unter 4	”		

1. Einschließlich „Elefant", „Columbia" usw.

2. Einschließlich „Medium", „Demy" und „Krone".

3. Einschließlich „Kopie", „Post", „Foolscap" und „Pot".

4. Aus vergangenen Jahrhunderten.

5. Aus diesem Jahrhundert.

6. Einschließlich Quadrat 16° und aller Bücher dieser Größe, in Achtern.

7. Einschließlich 48°, 64° usw. „Minimo" für die kleinsten Bücher.

ANHANG C.

Einige moderne Pseudonyme mit den richtigen Namen, darunter Damen mit durch Heirat geänderten Namen.

Pseudonym.	Echter Name.
ALOE	Charlotte M. Tucker.
Acheta Domestica	LM Budgen
Adams, Frau Leith	Frau RS de Courcy Laffan
Adeler, Max	Charles H. Clark
Ainslie, Noel	Edith Lister
Alexander, Frau	Annie E. Hector
Außerirdischer	Frau LA Baker
Allen, FM	Edmund Downey
Amateurangler, Der	Edward Marston
Amyand, Arthur	Andrew Haggard
Andom, R.	Alfred W. Barrett
Anstey, F.	Thos. Anstey Guthrie
Argles, Frau	Frau Hungerford
Audley, John	Frau EM Davy
Tante Judy	Frau Margaret Gatty
B., AKH	AKH Boyd
B., EV	Eleanor V. Boyle
Barker, Lady	Lady Broome
Basilikum	Richard Ashe King
Bede, Cuthbert	Edward Bradley

Bell, Nancy	Frau Arthur Bell
Belloc, Marie A.	Frau Lowndes
Bickerdyke, John	CH Koch
Abrechnungen, Josh	Henry W. Shaw
Vogel, Isabella L.	Frau IL Bishop
Blackburne, E. Owens	Elizabeth Casey
Boldrewood, Rolf	Thos. A. Browne
Braddon, ME	Frau Maxwell
Breitmann, Hans	Charles G. Leland
Brenda	Frau Castle Smith
Buckley, Arabella B.	Frau Fisher
Caballero, Fernan	Cecilia B. de. F. Arrom
Cambridge, Ada	Frau GF Cross
Carmen Sylva	Elisabeth, Königin von Rumänien
Carroll, Lewis	Charles L. Dodgson
Cavendish	Henry Jones
Cellarius	Thos. W. Fowle
Champfleury	Jules FF Husson-Fleury
Chester, Norley	Emily Underdown
Cleeve, Lucas	Frau Kingscote
Collingwood, Harry	Wm. JC Lancaster
Colmore, George	Frau Gertrude C. Dunn
Connor, Marie	Marie C. Leighton
Conway, Derwent	Henry D. Inglis

Conway, Hugh	FJ Fargus
Coolidge, Susan	Sarah C. Woolsey
Cooper, Rev. Wm. M.	James G. Bertram
Craddock, CE	Mary N. Murfree
Crawley, Kapitän	GF Verzeihung
Cromarty, Deas	Frau RA Watson
Dale, Darley	Francesca M. Steele
Dall, Guillaume	Madame Jules Lebaudy
D'Anvers, N.	Frau Arthur Bell
Dekan, Frau Andrew	Frau Alfred Sidgwick
Donovan, Dick	JE Muddock
Dowie, Ménie M.	Frau Henry Norman
Duncan, Sara J.	Frau Everard Cotes
Egerton, George	Frau Clairmonte
Eha	Edward H. Aitken
Eliot, George	Mary Ann Evans (später Mrs. Cross)
Elbon, Barbara	Leonora B. Halsted
Elisabeth, Charlotte	Charlotte E. Tonna
Ellis, Luke	J. Page Hopps
Fane, Violet	Lady Philip Currie
Farningham, Marianne	Mary A. Hearne
Fin Bec	WB Jerrold
Fleming, George	Julia C. Fletcher
Frankreich, Anatole	Anatole François Thibault

Francis, ICH	Frau M. Blundell
Freelance, A	FH Perry Coste
GG	– Harper
Garrett, Edward	Isabella F. Mayo
Gaunt, Mary	Frau Miller
Gerard, Dorothea	Mdme. Longard de Longgarde
Gerard, Emily	Mdme. de Lazowski
Geschenk, Theo.	Theodora Boulger
Großartig, Sarah	Frau M'Fall
Gray, Maxwell	MG Tuttiett
Grier, Sydney C.	Hilda Gregg
Gréville, Henry	Alice MC Durand
Grove, Lilly	Frau JG Frazer
Gubbins, Nathaniel	Edward Spencer
Zigeuner	Die Gräfin von Martel de Janville
Haliburton, Hugh	JL Robertson
Hall, Eliza Calvert	Lina Calvert Obenchain
Hamst, Olphar	Ralph Thomas
Hayes, Henry	Frau EO Kirk
Hertz-Garten, Theodor	Frau de Mattos
Hieover, Harry	Charles Bindley
Hobbes, John Oliver	Frau Pearl MT Craigie
Hoffmann, Professor	AJ Lewis
Holdsworth, Annie	Frau E. Lee Hamilton

Hoffe, Andrée	Frau Harvey
Hoffe, Anthony	Anthony H. Hawkins
Hope, Ascott R.	Robt. H. Moncreiff
Ingoldsby, Thomas	Richard H. Barham
Jota	Frau Mannington Caffyn
Eisen, Ralph	Frau O. Cronwright-Schreiner
James, Croake	James Paterson
Janus	Johann JI von Döllinger
K., O.	Mdme. Olga Novikoff (geb. Kireft)
Keith, Leslie	Frau GL Keith Johnston
Kipling, Alice	Frau Fleming
L., LE	Letitia E. MacLean (geb. Landon)
Laffan, Mai	Frau WN Hartley
Larwood, Jacob	LR Sadler
Gesetz, John	Miss ME Harkness
Leander, Richard	R. Volkmann
Lee, Holmes	Harriet Parr
Lee, Vernon	Violet Paget
Legrand, Martin	James Rice
Lennox	Lennox Pierson
Loti, Pierre	Louis MJ Viaud
Lyall, Edna	Ada E. Bayly
Maartens, Maarten	JMW van der Poorten Schwartz
Maclaren, Ian	John M. Watson

Malet, Lucas	Frau M. St. L. Harrison (geb. Kingsley)
Manning, Anne	Frau AM Rathbone
Markham, Frau	Frau Eliz. Penrose
Marlitt . E.	Henriette FCE John
Marlowe, Charles	Harriet Jay
Marryat, Florenz	Frau F. Lean
Marvell, Ik .	Donald G. Mitchell
Mathers, Helen	Frau H. Reeve
Meade, LT	Frau Toulmin Smith
Meredith, Owen	Earl Lytton
Merriman, Henry Seton	HS Scott
Miller, Joaquin	CH Miller
Montbard , G.	Charles A. Loyes
Morice , Chas.	Morice Gerard
Morris, Mai	Frau Sparling
Mulholland, Rosa	Lady Gilbert
Nesbit, E.	Edith Bland
Nimrod	CJ Apperley
Nordau, Max	MS Südfeld
Norden, Christopher	Prof. John Wilson
Norden, Pleydell	Frau Egerton Eastwick
Nein, Bill	EW Nye
Alter Bumerang	JR Houlding

Oldcastle, John	Wilfred Meynell
Oliver, Stift	Sir Henry Thompson
Optik, Oliver	Wm. T. Adams
O'Rell, Max.	Paul Blouët
Otis, James	JO Kaler
Ouida	Louise de la Ramée
Owen, JA	Frau Owen Visger
Seite, HA	Alex H. Japp
Stiefmütterchen	Isabella M. Alden
Parallaxe	Samuel B. Robotham
Parley, Peter	Wm. Martin
Paston, George	Miss EM Symonds
Pattison, Frau Mark	Lady EFS Dilke
Paull, MA	Frau John Ripley
Percy, Sholto und Reuben	Joseph C. Robertson und Thomas Byerley
Phelps, Eliz. S.	Frau HD Ward
Einfache Frau, A	Miss Ingham
Prevost, Franziskus	HFP Battersby
Pritchard, Martin J.	Frau Augustus Moore
Prout, Vater	F. Mahony
Q.	AT Quiller Couch
Raimond, CE	Elisabeth Robins
Rapier	AET Watson

Ridley, Frau Edward	Lady Alice Ridley
Rita	Frau W. Desmond Humphreys
Rives, Amélie	Frau AR Chandlers
Robert („Ein Stadtkellner")	John T. Bedford
Robins, GM	Frau L. Baillie Reynolds
Robinson, A. Mary F.	Mde . AMF Darmtesteter
Rogers, Halliday	Miss Reid
Rutherford, Mark	W. Hale White
St. Aubyn, Alan	Frances Marshall
Saint-Patrice	James H. Hickey
Saintine , XB de	Joseph H. Bonifatius
Sand, Georg	Mde . ALA Dudevant
Skalpell, Äskulap	Edward Berdoe
Scott, Anführer	Lucy E. Baxter
Seafield, Frank	Alex. H. Grant
Séguin , LG	LG Strahan
Setoun , Gabriel	Thos. N. Hepburn
Scharf, Luke	Robert Barr
Shirley	Sir John Skelton
Sigerson, Dora	Frau Clement Shorter
Sketchley , Arthur	Geo. Rose
Glatt, Sam	TC Haliburton
Sohn der Sümpfe, A	Denham Jordan

Sohn des Bodens, A	JS Fletcher
Spinner, Alice	Frau Fraser
Stendhal, M. de	Marie Henri Beyle
Stepniak, S.	SM Kravchinsky
Stonehenge	John H. Walsh
Strathesk, John	John Tod
Stretton, Hesba	Hannah Smith
Stuart, Esme	Fräulein Leroy
Swan, Annie S.	Frau Burnett Smith
Tasma	Frau J. Couvreur
Thanet, Oktave	Alice Französisch
Thomas, Annie	Frau Pender Cudlip
Thorne, Whyte	Richard Whiteing
Tomson, Graham R.	Rosamund M. Watson
Travers, Graham	Margt. G. Todd
Turner, Ethel	Frau HR Curlewis
Twain, Mark	Samuel L. Clemens
Tynan, Katharine	Frau HA Hinkson
Tytler, Sarah	Henrietta Keddie
Onkel Remus	Joel C. Harris
Vivaria, Kassandra	Frau M. Heinemann
Walker, Patricius	Wm. Allingham
Wallis, ASC	Miss Opzoomer
Wanderer	EH d'Avigdor

Ward, Artemus	Chas. F. Browne
Direktor, Florenz	Frau Florence James
Gewässer	Wm. Russell
Webb, Frau	Frau Webb Peploe
Wells, Charles J.	HL Howard
Werner, E.	Elisabeth Bürstenbinder
Wetherell, Eliz.	Susan Warner
Wharton, Grace und Philip	John C. und Katharine Thomson
Whitby, Beatrice	Frau Philip Hicks
Wiggin, Kate D.	Frau JC Rigg
Wilcox, EG	Frau Egerton Allen
Winchester, ME	ICH Whatham
Winter, John Strange	Frau HEV Stannard
Worboise, Emma J.	Frau E. Guyton
Yorke, Curtis	Frau S. Richmond Lee
ZZ	Louis Zangwill
Zack	Gwendoline Keats

ANHANG D.

Erläuterungen zu einigen der im Korrekturbeweis verwendeten Zeichen.

⸺	Löschen; einen Buchstaben oder ein unerwünschtes Wort entfernen.
lc	Kleinbuchstaben; ein Kleinbuchstabe und kein Großbuchstabe sein.
Deckel.	Hauptstadt; ein Großbuchstabe und kein Kleinbuchstabe sein.
wf	Falsche Quelle; Der Buchstabe ist nicht vom gleichen Typ wie die anderen.
trs .	Transponieren; um die Position einer Zeile oder eines Wortes zu ändern.
✗	Markiert einen gebrochenen Brief.
#	Einzufügendes Leerzeichen.
=	Ein einzufügender Bindestrich.
⊢—⊣	Ein Bindestrich, der eingefügt werden soll.
⊙	Ein Punkt muss eingefügt werden.
⌢	Ein Wort verbinden, das nicht geteilt werden soll.

⌐	Ein Quadrat oder ein anderes Stück, das nicht gedruckt werden soll.
Einzug.	Um die Linie an die markierte Stelle zurückzusetzen.
Messgerät.	Um eine eingerückte Linie an der markierten Stelle anzuzeigen.
‖ oder —	Um eine Linie zu begradigen, die falsch im rechten Winkel geführt wurde oder die durch irgendetwas horizontal schief verläuft.
߄	Markiert einen Buchstaben, der auf den Kopf gestellt wurde oder auf andere Weise.
Stet.	Ein versehentlich durchgestrichenes Wort, das beibehalten werden soll, wird mit Punkten unterstrichen .... und „stet" am Rand geschrieben.

Musterseite mit markiertem Beweis.

MAGNUS, Lady. Jewish Portraits. 1888 ... H 746
MAGNUS, Sir P. Hydrostatics and pneumatic tyres. 1887 ... ... E 8
Magpie jacket, The. Gould, N. ... ... K 3722
MAHAFFY, J. P. Alexander's Empire. 1887 I 540
— Euripides. 1879... ... ... H 771
— Greek antiquities. 1889 ... ... G 611
— Greek life and thought from the age of
    Alexander to the roman conquest. 1887 I 3078
MAISTRE, X. de. Œuvres. 1880... ... H 1066
  Voyage autour de ma chambre. Le lépreux de la cité d'Aoste. Les prisonniers du Caucase. La jeune Sibérienne. Essais et poésies.

Malay Archipelago :—
  Forbes, H. O. A naturalists wanderings
    in the Eastern Archipelago. 1885 ... I 1385
  Guillemard, F. H. W. Cruise (the of)
    Marchesa. 1889 ... ... I 3774
Manchester, Duke of. Court and society
  from Elizabeth to Anne. 2 v. 1864... I 464-65
MANCHESTER man, The. Banks, Mrs. G. L. K 398
Manchester Anglers' association. Anglers'
  evenings. 3rd ser. 1894 ... ... G 190

Manners and Customs :—
  Dyer, F. T. T. British popular customs.
    1876 ... ... C 89
  Gould, S. B. Strange survivals. 1892 ... C 471
  See also : Folklore.

Manuals of Technology :—
  Cutting tools, by Smith. 1884 ... ... F 33
  Design in textile fabrics, by Ashenhurst. 1885 F 27
  Dyeing of textile fabrics by Hummel. 1876 ... F 30
  Mechanics, Practical, by Perry. 1886 ... F 32

Musterseite korrigiert.

MAGNUS, Lady. Jewish portraits. 1888 ... H 746
MAGNUS, Sir P. Hydrostatics and pneumatics. 1887 ... ... E 8
Magpie jacket, The. Gould, N. ... ... K 3722
MAHAFFY, J. P. Alexander's Empire. 1887 I 540
— Euripides. 1879... ... ... H 771
— Greek antiquities. 1889... ... ... G 611
— Greek life and thought from the age of Alexander to the Roman conquest. 1887 I 3078
MAISTRE, X. de. Œuvres. 1880 ... ... H 1066
    Voyage autour de ma chambre. Le lépreux de la cité d'Aoste. Les prisonniers du Caucase. La jeune Sibérienne. Essais et poésies.

Malay Archipelago :—
    Forbes, H. O. A naturalist's wanderings in the Eastern Archipelago. 1885 ... I 1385
    Guillemard, F. H. W. Cruise of the *Marchesa*. 1889 ... ... I 3774

MANCHESTER, Duke of. Court and society from Elizabeth to Anne. 2 v. 1864 ... I 464-65
Manchester man, The. Banks, Mrs. G. L. K 398
Manchester Anglers' Association. Anglers' evenings. 3rd ser. 1894 ... ... G 190

Manners and customs :—
    Dyer, T. F. T. British popular customs. 1876 ... ... C 89
    Gould, S. B. Strange survivals. 1892 ... C 471
    See also: Folk-lore.

Manuals of technology :—
    Cutting tools, by Smith. 1884 ... ... F 33
    Design in textile fabrics, by Ashenhurst. 1885 F 27
    Dyeing of textile fabrics by Hummel. 1876 ... F 30
    Mechanics, Practical, by Perry. 1886 ... ... F 32

ANHANG E.

Eine Liste der wichtigsten Schlagwörter für einen Wörterbuchkatalog einer durchschnittlichen allgemeinen Bibliothek mit Verweisen und Querverweisen, mit Ausnahme von geografischen Schlagwörtern. Biografische Schlagworte sind nicht enthalten. Der Verweis „Siehe" impliziert, dass die Überschrift, auf die verwiesen wird, nicht als Synonym verwendet werden darf. Eine ausführlichere Liste mit einer umfassenderen Reihe von Verweisen von größeren zu kleineren und verwandten Themeneinteilungen (z. B. „siehe auch ") finden Sie in der *Liste der Schlagwortüberschriften zur Verwendung in Wörterbuchkatalogen, die von einem Committee of the American erstellt wurde Bibliotheksverband* . Boston (Bibliotheksbüro), 1895.

- Abteien
- Abraham
- Abessinien
- Akustik. *Siehe* Ton
- Schauspielkunst
- Schauspieler
- *Siehe auch* Drama *und die Namen der Schauspieler*
- Apostelgeschichten
- Admirale
- Luftfahrt . *Siehe* Ballonfahren
- Ästhetik
- Afghanistan
- Afrika
- Allgemein
- Norden
- Westen
- Ost und Zentral (oder Äquatorial)
- Süd
- Agnostizismus

- Landwirtschaft
- *Siehe auch* Land, Böden
- Luft
- *Siehe auch* Meteorologie, Pneumatik
- Alaska
- Albanien
- Alkohol
- Algen
- Algebra
- Algerien und Algier
- Legierungen
- Almanache
- Alphabete
- Alpen, Die
- Elsass-Lothringen
- Amazonas
- Amerika
- Norden
- Zentral
- Süd
- Amerika, Vereinigte Staaten von Amerika. *Siehe* Vereinigte Staaten
- Amerikanische Indianer
- Vergnügungen
- *Siehe auch* Spiele
- Anatomie
- Menschlich
- Vergleichend
- *Siehe auch* Embryologie, Osteologie, Physiologie

- Künstlerisch
- Anden, Die
- Anekdoten
- Angeln. *Siehe* Angeln
- Angelsächsische Sprache und Literatur
- Angelsachsen
- Tierische Intelligenz
- *Siehe auch* Instinkt
- Fortbewegung von Tieren
- Tierischer Magnetismus
- Tiere
- Tiere, Naturgeschichte von. *Siehe* Zoologie
- Annelida. *Siehe* Würmer
- Antarktische Regionen
- Anthropologie. *Siehe* Mann
- Altertümer
- *(Nur im Allgemeinen). Siehe auch die Namen von Ländern und Orten für nationale oder lokale Antiquitäten*
- Ameisen
- Affen
- Aphorismen
- Apokryphen
- *Siehe auch* Bibel
- Apostel, Die
- Apostel Glaubensbekenntnis
- Aquarien
- *Siehe auch* Teichleben
- Arabien
- Spinnentier. *Siehe* Spinnen

- Archäologie , Prähistorische
- *Siehe auch* Antiquitäten
- Bogenschießen
- Die Architektur
- Allgemein (einschließlich Zeitschriften und Transaktionen)
- Klassisch
- Kirchlich
- Monumental
- Inländisch
- (oder anders je nach Material und Anforderungen)
- Arktische Regionen
- *Siehe auch* Nordostpassage, Nordwestpassage
- Ardennen, Die
- Argentinien
- Arithmetik
- Armenien
- Arminianismus
- Waffen und Rüstungen
- Wappen, Wappen von. *Siehe* Heraldik
- Armee, Briten
- *Siehe auch die Namen oder Nummern der Regimenter wie* Royal Artillery, 21st Lancers
- Kunst
- Allgemein
- Historisch
- Abhandlungen
- *Siehe auch* Architektur, Christliche Kunst, Malerei, Skulptur
- Kunst, Ornamentik. *Siehe* Ornament
- Artillerie

- Künstler
- *Siehe auch* Maler, Bildhauer
- Kunst, Industrie
- Arier
- Ashantee
- Asien
- Allgemein
- Western
- Zentral
- Östlich
- Kleinasien
- Assyrien
- *Siehe auch* Ninive
- Astrologie
- Astronomen
- Astronomie
- *Siehe auch* Mond, Sonne *und die Namen der Planeten*
- Athanasianisches Glaubensbekenntnis
- Atheismus
- *Siehe auch* Skepsis
- Athen
- Leichtathletik
- *Siehe auch* Übung, Gymnastik
- Atlantischer Ozean
- Atlanten
- Sühne, Die. *Siehe* Christus
- Australasien
- Australien

- Allgemein
- Süd
- Western
- Österreich
- Autoren
- Babylon
- Bakterien
- Bahamas, Die
- Balkan, Der
- Balladen. *Siehe* Lieder und Balladen
- Ballonfahren
- Baltisch, Die
- Bankwesen
- Konkurs
- Taufe
- Barbados
- Barbarei
- Baschan
- Bäder und Baden
- Kämpfe
- Bienen
- Käfer
- Belgien
- Glauben
- *Siehe auch* Skepsis
- Glocken
- Bengalen
- Berlin

- Bermudas, Die
- Bibel
- Der Text
- Konkordanzen und Wörterbücher
- Kommentare und Ausstellungen
- Authentizität und Inspiration
- Geschichte und Antiquitäten
- Verschiedenes
- Bibel und Wissenschaft
- Literaturverzeichnis. *Siehe* Bücher
- Radfahren. *Siehe* Radfahren
- Billard
- Doppelwährung
- Biografie (allgemein)
- *Siehe auch unter den Namen von Klassen, wie* Akteuren, Autoren und den Namen von Einzelpersonen
- Biologie
- *Siehe auch* Botanik, Evolution, Vererbung, Zoologie
- Vögel
- *Siehe auch* Eier *und die Namen von Vögeln wie* Kolibris
- Vögel, Käfig
- *Siehe auch* Kanarienvögel, Papageien
- Bischöfe
- Schwarzer Wald
- Schwarzes Meer
- Blind, Der
- Bootfahren
- Segeln
- Rudern

- Kessel
- Buchillustration. *Siehe* Abbildung
- Buch des gemeinsamen Gebets. *Siehe* Gebetbuch
- Buchbinderei
- Buchhaltung
- Exlibris (Exlibris)
- Bücher
- Stiefel und Schuhe
- Borneo
- Bosnien
- Boston, USA
- Botanik
- Lehrbücher
- Wirtschaftlich
- Britisch (und andere Länder nach Bedarf)
- Gewohnheiten, Befruchtung
- Zeitschriften
- *Siehe auch* Algen , Farne, Pilze, Gräser, Moose, Paläontologie , Bäume
- Boxen
- Jungen
- Brahmanismus
- Gehirn, Das
- Messinggründung
- Brasilien
- Brot
- Brauen
- Mauerwerk
- Brücken

- Großbritannien, Antike
- *Siehe auch* Angelsachsen, Englische Geschichte
- Britisch-Kolumbien
- Britisches Imperium
- *Siehe auch* Kolonien
- britische Inseln
- Britisches Museum
- Bretagne
- Broads, The
- Bryologie. *Siehe* Moose
- Freibeuter
- Buddha und Buddhismus
- Gebäude
- Bulgarien
- Burma
- Geschäft
- Schmetterlinge
- Byzantinisches Reich
- Schrankherstellung
- *Siehe auch* Möbel
- Käfigvögel. *Siehe* Vögel (Käfig)
- Analysis (*Mathematik*)
- Kalifornien
- Kalvinismus
- Cambridge und die Universität
- Kanada
- Geschichte
- Beschreibung und soziales Leben

- Politik und Sonstiges
- Kanäle
- Kanaren
- Kerzen
- Kanonisches Recht
- Canterbury
- Kapkolonie
- Hauptstadt
- *Siehe auch* Arbeit
- Todesstrafe
- Kartenspiel.
- *Siehe auch* Whist
- Karikatur
- Tischlerei und Schreinerei
- *Siehe auch* Handlauf
- Karthago
- Kaschmir
- Kaspisches Meer
- Schlösser
- *Siehe auch die Namen von Burgen*
- Kathedralen
- *Siehe auch die Namen von Kathedralen*
- Katholische Emanzipation
- Katzen
- Vieh
- Kaukasus
- Kelten, Die
- Zemente

- Wale
- *Siehe auch* Wale
- Ceylon
- Chaldäa
- Chance. *Siehe* Wahrscheinlichkeiten
- Kanalinseln
- Charakter
- Cheirosophie. *Siehe* Hand
- Chelsea
- Chemie
- Geschichte
- Allgemein
- Anorganisch
- Bio
- Analyse, Spezial und Sonstiges
- Zeitschriften und Gesellschaften
- Cheshire
- Schach
- Kinder
- Chili
- China
- Geschichte
- Beschreibung und soziales Leben
- Politik
- Religionen und Missionen
- China-Malerei
- Ritterlichkeit
- Christus.

- *Unterteilen Sie nach Bedarf in Abteilungen, z*
- Leben
- Lehren
- Gottheit
- Menschwerdung
- Auferstehung
- Das Sühnopfer
- Christliche Kunst
- Christliche Kirche. *Siehe* Kirche.
- Christliche Beweise. *Siehe* Christentum.
- Christliche Einheit
- Christentum
- Geschichte
- Beweise
- Verschiedenes
- *Siehe auch* Kirchengeschichte
- Chroniken
- Chronologie
- Kirche, Die
- Kirchengeschichte.
- *Bei Bedarf in Epochen unterteilen.*
- Kirchengeschichte
- *Siehe auch die Namen bestimmter Kirchen und Länder.*
- Kirche von England
- Geschichte
- Höflichkeit, Ritual usw.
- *Siehe auch* Disestablishment, Oxford-Bewegung, Prayer Book
- Kirche und Staat

- Kirchenmusik. (Nur als *Betreff*.)
- *Siehe auch* Musik
- Kirchen (*d. h.* im Allgemeinen, keine bestimmten Sekten)
- Bürgerkrieg (1642-49)
- Zivildienst
- Zivilisation
- Klassische Geographie. *Siehe* Geographie
- Klerus.
- *Siehe auch* Prediger
- Klima
- Bergsteigen. *Siehe* Bergsteigen
- Uhren. *Siehe* Uhren
- Kleidung
- Wolken
- Karosseriebau
- Coaching
- Kohle, Kohlebergbau
- Münzen und Medaillen
- Coleoptera. *Siehe* Käfer
- Zechen. *Siehe* Kohle
- Kolonien, Briten.
- *Siehe auch die Namen der Kolonien*
- Farbe
- Kometen
- Gebote, Die
- Handel.
- *Siehe auch* Freihandel
- Commons, Unterhaus. *Siehe* Parlament

- Commonwealth, Das
- *Siehe auch* Cromwell
- Kommunismus
- Unternehmen, Gewerbe
- Vergleichende anatomie. *Siehe* Anatomie
- Komponisten. *Siehe* Musiker
- Conchologie. *Siehe* Muscheln
- Süßwaren
- Konfuzius und Konfuzianismus
- Kongo, Das
- Kongregationalismus
- Konische Abschnitte
- Beschwörung
- Gewissen
- Konservatismus
- Konstantinopel
- Verbrauch
- Gespräch
- Konvertierung
- Kochen
- Zusammenarbeit
- Korallen und Korallenriffe
- Korea
- Korinther, Briefe an die
- Maisgesetze
- Cornwall
- Korsika
- Kostüm

- Baumwolle
- Landleben
- Schaffung
- Glaubensbekenntnisse
- Einäscherung
- Kricket
- Verbrechen
- Krim-Krieg
- Strafrecht
- Kritik, Literatur
- Kreuzzüge
- Krebstiere
- Kryptogamie.
- *Siehe auch* Algen, Farne, Pilze, Moose
- Kristallographie
- Kuba
- Kultur
- *Siehe auch* Bildung
- Cumberland
- Kurven
- Zoll. *Siehe* Sitten und Gebräuche
- Radfahren
- Zypern
- Molkerei, Die
- Tanzen
- Daniel der Prophet
- Darwinismus.
- *Siehe auch* Evolution

- David
- Taubheit
- Tod
- Dekoration. *Siehe* Ornament
- Reh
- Deismus
- Demokratie
- Dänemark
- Zahnheilkunde
- Derbyshire
- Abstieg. *Siehe* Evolution
- Design. *Siehe* Ornament
- Teufel, der
- Devonshire
- Diamanten
- Kieselalgen
- Diät. *Sehe* Essen
- Verdauung
- Krankheit.
- *Siehe auch* Medizin
- Auflösung
- Scheidung. *Siehe* Eherecht
- Ärzte
- Lehre
- Hunde
- Binnenwirtschaft.
- *Siehe auch* Kochen, Schneidern, Handarbeiten, Waschen
- Dorsetshire

- Drainage
- *Siehe auch* Hygiene, Sanitär
- Drama, Das
- Dramatiker
- Zeichnen und Skizzieren.
- *Siehe auch* Illustration, Perspektive
- Träume
- Kleid. *Siehe* Kostüm
- Schneiderei
- Trinken, berauschend. *Siehe* Mäßigkeitsfrage
- Fahren
- Dublin
- Duell
- Durham
- Färberei
- Dynamik
- *Siehe auch* Mechanik, Hydrostatik, Pneumatik
- Dynamos
- Ohr, Das
- *Siehe auch* Taubheit
- Erde, Die
- Erdbeben.
- *Siehe auch* Vulkane
- Osten, Der
- *Siehe auch die Namen der östlichen Länder*
- Östliche Reiche, Antike. *Siehe* Geschichte, Antike
- Östliche Frage, Die
- Kirchliche Architektur. *Siehe* Architektur

- Kirchengeschichte. *Siehe* Kirchengeschichte
- Stachelhäuter
- Wirtschaft. *Siehe* Politische Ökonomie
- Edinburgh
- Ausbildung.
- *Siehe auch* Kultur, Kindergarten, Geist, Schulen, Unterricht, Technische Bildung
- Eier, Vögel
- Ägypten.
- Uralt. (*Unterteilung*: Kunst. Altertümer, Inschriften und Sprache. Geschichte. Religion)
- Mittelalterlich
- Modern. (*Nach Bedarf unterteilen.*)
- *Siehe auch* Sudan
- Wahlen
- Elektrische Beleuchtung
- Elektrotechnik.
- *Siehe auch* Dynamos
- Elektriker
- Elektrizität und Magnetismus
- Elektrometallurgie. *Siehe* Metallurgie
- Galvanisieren
- Elia, der Prophet
- Rede.
- *Siehe auch* Rezitationen
- Embleme
- Stickerei
- Embryologie
- Auswanderung

- Emotionen, Die
- Emails
- Enzyklopädien
- Energie
- Maschinenbau
- Allgemein
- Bürgerlich
- Mechanisch
- Marine
- *Siehe auch* Elektrotechnik, Gasmotoren, Lokomotivmotor, Maschinen, Dampfmaschine, Werkstofffestigkeit
- Ingenieure
- England
- Beschreibung
- Soziales Leben
- *Siehe auch die Namen von Landkreisen und Städten*
- englische Zusammensetzung
- Englische Verfassung
- *Siehe auch* Englische Geschichte (Verfassung)
- Englische Geschichte
- Allgemein
- (Einteilung in Epochen, je nach Bedarf)
- *Für die Geschichte einzelner Regierungszeiten siehe unter den Namen der Monarchen*
- Verfassungsgemäß
- Kirchlich
- *Siehe auch* Church of England *und die Namen der Konfessionen*
- Sozial und industriell
- Englische Sprache

- Geschichte
- Wörterbücher
- Grammatik
- englische Literatur
- Geschichte und Handbücher
- Verschiedenes
- Gravur
- Holz und Metall
- *Siehe auch* Radierung, Prozess
- Entomologie
- Ephesus
- Epigramme
- Eschatologie. *Siehe* Zukünftiger Zustand
- Aufsätze

- *Für Aufsätze zu bestimmten Themen oder mit bestimmten Titeln sehen Sie sich die Namen dieser Themen und Titel an. Werke mit dem allgemeinen Titel „Essays" werden unter den Namen der folgenden Autoren gefunden* : – (Geben Sie dann die Autorenliste an.)

- Radierung
- Ethik
- Ethnologie. *Siehe* Mann
- Etikette
- Eton
- Etrurien
- Euklid
- Europa
- Geschichte
- Beschreibend
- Politik

- Teuflisch
- Evolution
- *Siehe auch* Biologie, Schöpfung, Vererbung
- Übung, körperlich. *Siehe* Gymnastik
- Ausdruck
- *Siehe auch* Emotionen, Physiognomie
- Auge, Das
- *Siehe auch* Sicht
- Fabeln
- Fabriken
- Fairer Handel. *Siehe* Freihandel
- Märchen
- *Siehe auch* Volkskunde
- Glaube
- Familie, Die
- Fanatismus
- Landwirtschaft. *Siehe* Landwirtschaft
- Hufschmiede
- Väter, Die
- Fenianismus
- Fermentation
- Farne
- Feudalismus
- Fieber
- Fiktion
- nur für Bücher zum *Thema Belletristik.)*
- Fidschi
- Bildende Kunst. *Siehe* Art

- Fisch
- Fischerei
- Angeln (einschließlich Angeln)
- *Siehe auch die Namen von Sportfischen wie* Lachs, Forelle
- Flaggen (*d. h* . Standards, Farben , Signale usw.)
- Florenz
- Mehl
- Blumenmalerei. *Siehe* Malerei
- Blumen
- Volkskunde
- Allgemein
- Lokal
- Besonders
- Volkslieder
- Essen
- *Siehe auch* Kochen
- Fußball
- Foraminiferen
- Forstwirtschaft
- Formosa
- Fossilien. *Sehen* Paläontologie
- Frankreich
- Geschichte
- *Siehe auch* Deutsch-Französischer Krieg, Französische Revolution *und die Namen französischer Monarchen*
- Beschreibung und soziales Leben.
- *Siehe auch die Namen französischer Provinzen und Orte*
- Politik
- Verschiedenes

- Franchise
- *Siehe auch* Frauenwahlrecht
- Deutsch-Französischer Krieg, 1870-71
- Freier Gedanke
- Frage des Freihandels
- Freier Wille
- Freimaurerei
- Französische Kunst. *Siehe* Art
- französisch Sprache
- französische Literatur
- Französisches Polieren
- Französische Revolution, Die
- Bundschneiden
- Freundliche Gesellschaften
- Freunde, Gesellschaft der („Quäker")
- Frösche
- Obst
- Kraftstoff
- Pilze
- Möbel
- Zukünftiger Zustand
- Glücksspiel
- Spiele und Sport (allgemein)
- *Siehe auch die Namen von Spielen wie* Billard, Schach, Cricket usw.
- Gartenarbeit
- Gasmotoren
- Gasbeleuchtung
- Gase

- Edelsteine. *Siehe* Edelsteine
- Genealogie
- Genesis, Buch von
- *Siehe auch* Pentateuch
- Genius
- Erdkunde
- Uralt
- Modern
- Kommerziell
- *Siehe auch* Atlanten *und die Namen von Kontinenten und Ländern*
- Geographie, Physik. *Siehe* Physiographie
- Geologische Untersuchung des Vereinigten Königreichs
- Karten
- Erinnerungen
- Andere Veröffentlichungen
- Geologie
- Allgemeines und Sonstiges
- Zeitschriften und Gesellschaften
- Lokal
- *Siehe auch* Eiszeit, Paläontologie , Physiographie
- Geometrie
- *Siehe auch* Euklid
- deutsche Sprache
- Deutsche Literatur
- Deutschland
- Geschichte
- Beschreibung und soziales Leben
- Politik

- Verschiedenes
- Geister
- Vergoldungen
- Zigeuner
- Mädchen
- Gletscher
- *Siehe auch* Eiszeit
- Glasgow
- Glas
- Gloucestershire
- Gott
- *Siehe auch* Christus, Heiliger Geist, Offenbarung
- Gold
- Gold- und Silberarbeiten
- Golf
- Gorillas
- Evangelien, Die
- Gotische Architektur. *Siehe* Architektur
- Goten, Die
- Regierung
- Allgemein
- Besonders
- Utopien
- *Siehe auch* Demokratie, Kommunalverwaltung, Politik
- Grammatik, Englisch. *Siehe* englische Sprache
- Gräser
- Großbritannien
- Beschreibend usw.

- *Siehe auch* England, Schottland, Wales
- Großbritannien und Irland. *Siehe* Britische Inseln
- Griechenland, Antike
- Geschichte
- Antiquitäten und Kunst
- Mythologie
- Griechenland, Moderne
- griechische Sprache
- Griechische Literatur und Philosophie
- Grönland
- Guayana
- Gilden. *Siehe* Vergoldungen
- Schießerei. *Siehe* Artillerie
- Schießpulverplot, The
- Gymnastik und körperliche Betätigung
- Haare, Die
- Hampshire
- Hampton Court Palace
- Hand, Die
- Handläufe und Treppen
- Häfen
- Harmonie. *Siehe* Musik
- Egge
- Harvard-Universität, USA
- Hawaii. *Siehe* Sandwichinseln
- Hayti
- Gesundheit. *Siehe* Hygiene
- Kurorte

- Hitze
- Himmel
- Hebräische Sprache
- Hebräische Religion, Hebräer. *Siehe* Juden
- Hebräer, Brief an die
- Hebriden, Die
- Hölle
- Heraldik
- Herculaneum
- Vererbung
- Herefordshire
- Hertfordshire
- Hieroglyphen
- *Siehe auch* Ägypten (Antike)
- Himalaya, Der
- Hinduismus
- Hindustanische Sprache
- Histologie
- Geschichte
- Universal
- Uralt
- Modern
- Verschiedenes
- *Zur Nationalgeschichte siehe unter Länder- und Völkernamen*
- Geschichte Englands. *Siehe* englische Geschichte
- Hethiter, Die
- Hebemaschinen
- Holland. (*Nach Bedarf unterteilen*)

- Heiliges Land. *Siehe* Palästina
- Heiliger Geist, der
- Homöopathie
- Pferde
- *Siehe auch* Fahren, Hufschmieden , Jagen, Rennen, Reiten
- Gartenbau. *Siehe* Gartenarbeit
- Krankenhäuser
- Hausdekoration
- Hausmalerei
- Hudson's Bay Territory
- Hugenotten, Die
- Menschliche Spezies. *Siehe* Mann
- Humor . *Siehe* Witz
- Ungarn
- Jagd und Jagdabenteuer
- Hydraulik
- Hydropathie
- Hydrophobie
- Hydrostatik
- Hygiene
- Hymenopteren
- *Siehe auch* Ameisen, Bienen, Wespen
- Hymnen
- Hypnotismus
- *Siehe auch* Tierischer Magnetismus, Mesmerismus
- Eiszeit, Die
- Island
- Fischkunde. *Siehe* Fisch

- Erhellend
- Illusionen
- Illustration
- *Siehe auch* Gravur
- Vorstellung
- Unsterblichkeit
- Kaiserliche Föderation. *Siehe* Kolonien, Briten
- Inkarnation, Die. *Siehe* Christus
- Indizierung
- Indien
- Geschichte
- *Siehe auch* Indische Meuterei
- Beschreibung und soziales Leben
- *Siehe auch* Bengalen, Himalaya, Parsen
- Naturgeschichte
- Religionen und Missionen
- *Siehe auch* Hinduismus, Mohammedanismus
- Verschiedenes
- Indien, Sprachen von. *Siehe* Hindustani, Pali, Sanskrit
- Indische Meuterei, Die
- Individualismus
- Indochina. *Siehe* Malaiische Halbinsel
- Industrielle Kunst. *Siehe* Kunst, Industrie
- Industrielle Vergütung. *Siehe* Löhne
- Industrie. *Sehen* Arbeit
- Infektion
- Untreue
- *Siehe auch* Skepsis

- Infusorien
- Inquisition, Die
- Wahnsinn
- Insekten
- *Siehe auch* Ameisen, Bienen, Käfer, Schmetterlinge, Motten
- Instinkt
- Versicherung
- Intellekt. *Siehe* Geist
- Unmäßigkeit. *Siehe* Mäßigkeitsfrage
- Internationales Recht. *Siehe* Gesetz
- Wirbellosen
- Irland
- Geschichte
- Beschreibung und soziales Leben
- Kunst, Literatur und Volkskunde
- Politik und Religion
- Verschiedenes
- irische Sprache
- Eisen und Stahl
- Eisenarbeiten
- Jesaja
- Islam. *Siehe* Mohammedanismus
- Israel. *Siehe* Juden
- italienische Sprache
- Italienische Literatur
- Italien
- Geschichte
- Beschreibung und soziales Leben

- *Siehe auch* Florenz, Venedig
- Verschiedenes
- Jakob (Patriarch)
- Jakobitenaufstand, The
- Jamaika
- Japan
- Kunst und Industrie
- Beschreibung und soziales Leben
- Religionen und Missionen
- Java
- Jeremia (Prophet)
- Jerusalem
- Jesuiten
- Juden
- Geschichte
- Religion
- Politische Position
- Hiob, Buch von
- Johannes, St., Evangelium von
- Joseph
- Joshua, Buch von
- Richter, Buch von
- Jupiter (Planet)
- Jurisprudenz. *Siehe* Gesetz
- Rechtfertigung
- Kaschmir. *Siehe* Kaschmir
- Kensington
- Kent

- Chiwa
- Kindergarten
- Könige
- Könige, Bücher von
- Rittertum
- Koran
- *Siehe auch* Mohammed
- Kurdistan
- Arbeitsfrage _
- Labrador
- Spitze
- Lake District, Englisch
- Pfahlbauten
- Lambeth-Palast
- Lancashire
- Lancaster und York, Häuser von
- Landfrage
- Sprache
- *Siehe auch unter den Namen der Sprachen.*
- Lappland
- Lateinische Sprache
- Lateinische Literatur
- Heilige der Letzten Tage. *Siehe* Mormonismus
- Gesetz
- Theoretisch
- Geschichte
- Allgemeines und Verwaltung
- International

- *Siehe auch das Recht spezieller Themen wie* Strafrecht, Arbeitsrecht , Lizenzrecht *und* Sonderländerrecht
- Rasentennis
- Leder
- *Siehe auch* Bräunen
- Leicestershire
- Schmetterlinge. *Siehe* Schmetterlinge, Motten
- Buchstabenmalerei
- *Siehe auch* Alphabete
- Briefeschreiben
- Briefe, Verschiedenes und Gesammelt. *Siehe unter Autorennamen*
- Liberalismus
- Freiheit
- Allgemein
- Aus Gewissen
- Vom Thema
- Pressefreiheit. *Siehe* Zeitungen
- Freiheit, religiös. *Siehe* Religionsfreiheit
- Bibliotheken
- Lizenzierung
- Flechten
- Leben
- *Siehe auch* Biologie
- Rettungsboote
- Licht
- Leuchttürme
- Beleuchtung
- *Siehe auch* Elektrisches Licht, Gasbeleuchtung

- Kalke, Zemente
- Alkoholverkehr. *Siehe* Mäßigkeitsfrage
- Literatur
- (Nur Allgemeines und Sonstiges)
- *Siehe auch die Namen der Literaturen, wie* Englisch, Französisch usw.
- Liturgien
- Liverpool
- Kommunalverwaltung
- Fortbewegung, Tier. *Siehe* Fortbewegung von Tieren
- Lokomotivmotor
- Logarithmen
- Logik
- London
- Geschichte
- Beschreibung
- Religiöses Leben
- Soziales Leben
- Regierung
- Verschiedenes
- Umgebung
- *Siehe auch die Namen von Gemeinden wie* Chelsea, Clerkenwell, Westminster *und von Institutionen und Orten wie* British Museum, Hyde Park, St. Paul's Cathedral
- Langlebigkeit
- Vaterunser, Das
- Abendmahl, Das
- Louisiana
- Lourdes

- Liebe
- Lukas, St., Evangelium von
- Lunge, Die
- Maschinen und Mühlenarbeiten
- *Siehe auch* Ingenieurwesen, Mechanik
- Madagaskar
- Madeira
- Magnetismus. *Siehe* Elektrizität
- Mohammed. *Siehe* Mohammed
- Malaiischer Archipel
- Malaiische Halbinsel
- Malta
- Säugetiere
- Mann
- Mann, Insel
- Manchester
- Manitoba
- Sitten und Gebräuche
- *Siehe auch* Volkskunde
- Manuelles Training
- Stellt her
- (Nur im Allgemeinen)
- *Siehe auch unter den Namen einzelner Hersteller*
- Maori- Land. *Siehe* Neuseeland
- Karten. *Siehe* Atlanten *und Ortsnamen*
- Schiffstechnik. *Siehe* Ingenieurwesen (Marine)
- Transportversicherung
- Seerecht

- Markus, St., Evangelium von
- Hochzeit
- Eherecht
- Mars (Planet)
- Märtyrer
- Maria, die Jungfrau
- Massai-Land
- Mashonaland
- Mauerwerk. *Siehe* Stein
- Messe, Die. *Siehe* Abendmahl
- Massage
- Massen. *Siehe* Musik
- Materialismus
- Mathematik
- *Siehe auch* Algebra, Arithmetik, Infinitesimalrechnung, Kegelschnitte, Gleichungen, Euklid, Geometrie, Logarithmen, Messung
- Gegenstand
- Matthäus, St., Evangelium von
- Maximen
- Maßnahmen. *Siehe* Gewichte und Maße
- Maschinenbau. *Siehe* Ingenieurwesen, Maschinen
- Mechanik
- *Siehe auch* Hydrostatik, Pneumatik
- Mechanismus. *Siehe* Maschinen
- Medaillen. *Siehe* Münzen und Medaillen
- Medizin
- *Siehe auch* Krankheit, Homöopathie, Chirurgie
- Mittelmeer, Das

- Melanesien
- Messung
- Mesmerismus
- Metallarbeiten
- *Siehe auch* Schmiedearbeiten
- Metallurgie
- Metaphysik. *Siehe* Geist
- Meteorologie
- Methodismus. *Siehe* Wesleyanischer Methodismus
- Mexiko
- Michigan
- Mikroben
- *Siehe auch* Bakterien
- Mikroskop, Das und mikroskopisches Leben
- Mittelalter, Das
- Middlesex
- Midian
- Milch
- Millennium, Das
- Mühlenarbeiten. *Siehe* Maschinen
- Geist
- Mineralogie
- Bergbau
- *Siehe auch* Kohle
- Minnesota
- Wunder spielt
- Wunder
- Missionen

- Mohammed und Mohammedanismus
- Molluske
- *Siehe auch* Muscheln
- Mönchtum
- *Siehe auch* Nonnen
- Geld
- *Siehe auch* Bankwesen, Bimetallismus, Kapital
- Mongolei
- Affen
- Mönche. *Siehe* Mönchtum
- Montana
- Monumente
- Mond, Der
- Moralphilosophie. *Siehe* Ethik
- Mormonismus
- Marokko
- Morphologie
- Moses
- *Siehe auch* Genesis, Pentateuch
- Moose
- Motten
- Bergsteigen
- *Siehe auch* Alpen
- Berge
- Muskeln
- Museen
- Musik
- Geschichte

- Verschiedene Literatur
- Wörterbücher
- Theorie (einschließlich Sol-fa)
- Singen
- *Instrumental*
- Instrumente
- (*Anleitung und Praxis*)
- Instrumentalstück für Orgel
- Instrumentalstück für Klavier
- Instrumental für Violine usw.
- *Vokal*
- Oratorien, Kantaten, Hymnen, Messen usw.
- Opern (Klavierauszüge)
- Lieder, mit Musik
- Musikinstrumente
- *Siehe auch die Namen der Instrumente wie* Orgel, Pianoforte, Violine
- (*Hinweis:* Musik für bestimmte Instrumente wird in der Unterabteilung „Musik" aufgeführt, historische Werke oder Werke zum Instrumentenbau werden jedoch im gesamten Katalog unter den Instrumentennamen verteilt.)
- Musiker
- Mystik
- Mythologie
- *Siehe auch* Volkskunde
- Namen, Persönlich
- Namen von Orten. *Siehe* Ortsnamen
- Neapel
- Natal
- Nationalgalerie, Die

- Naturgeschichte der Tiere. *Siehe* Zoologie
- Naturgeschichte
- *Siehe auch* Biologie, Botanik, Mikroskop, Zoologie
- Naturwissenschaft. *Siehe* Physik
- Natürliche Theologie. *Siehe* Theologie
- Marinen
- Navigation und Seemannschaft
- Marine, Briten
- Geschichte
- Beschreibung und Verwaltung
- Handarbeit
- Neger, Der
- Nehemia, Buch von
- Nerven
- Niederlande, Die
- Nevada
- Neue Kirche, Die. *Sehen* Swedenborgianismus
- Neu England
- New Forest, Der
- Neu Guinea
- New-Mexiko
- New South Wales
- Neues Testament
- Kommentare und illustrative Werke
- Kritisch
- Verschiedenes
- *Siehe auch die Namen der Evangelien, Briefe usw.*
- New York (Stadt)

- Neuseeland
- Neufundland
- Newgate Gefängnis
- Zeitungen
- Niagara
- Nicaragua
- Nil, Der
- *Siehe auch* Ägypten, Sudan
- Ninive
- Nichtkonformität
- Norfolk
- Normannische Eroberung, Die
- Normandie
- Normannen, Die
- Nordostpassage
- Nordwest-Passage
- Norwegen
- Nottinghamshire
- Numismatik. *Siehe* Münzen und Medaillen
- Krankenpflege (ungültig)
- Pflege von Kindern. *Siehe* Kinder
- Ozeanien. *Siehe* Malaiischer Archipel, Pazifischer Ozean
- Ohio
- Öle
- Altes Testament, Das. (*Unterteilung als Neues Testament*)
- *Siehe auch unter den Namen der verschiedenen Bücher des Alten Testaments*
- Ontario
- Oologie. *Siehe* Eier (Vögel)

- Opern, mit Musik. *Siehe* Musik
- Opium
- Optik. *Siehe* Sicht
- Orchideen
- Oregon
- Orgel, Die
- Ornament und Design
- Vogelkunde. *Siehe* Vögel
- Osteologie
- Oxford-Stadt
- Oxford-Bewegung, The
- Universität Oxford
- Oxfordshire
- Pazifischer Ozean und Inseln
- Heidentum
- Maler
- *Siehe auch* Künstler
- Malerei
- Historisch und kritisch
- Theorie
- Malerei, Haus. *Siehe* Hausmalerei
- Malerei, Öl
- Malerei, Aquarell
- Allgemein
- Landschaft und Meer
- Blumen und Bäume
- Figur und Tiere
- Farben

- Paläographie
- Paläontologie
- Allgemein
- Paläobotanik
- Paläozoologie
- Palästina
- Palmyra
- Pamir, Die
- Pantheismus
- Papsttum, Das. *Siehe* Päpste, römischer Katholizismus
- Papier
- Gleichnisse, Die
- Paraguay
- Parasiten
- Paris
- Parlamentarische Vertretung
- Papageien
- Parsen
- Parthenon, Der
- Zeitvertreib. *Siehe* Spiele
- Patagonien
- Patente
- Pathologie. *Siehe* Krankheit, Medizin
- Musterherstellung
- Paul, St.
- Friedensfrage
- *Siehe auch* Krieg
- Stammbäume. *Siehe* Genealogie

- Adelsstände
- Halbinselkrieg, Der
- Pennsylvania
- Renten, Alter
- Pentateuch, Der
- Persien
- Perspektive
- *Siehe auch* Projektion
- Peru
- Pessimismus
- Peter, St.
- Petrologie. *Siehe* Felsen
- Petroleum
- Philippinen, Die
- Philologie. *Siehe* Sprache
- Philosophie
- Geschichten
- Allgemeines und Sonstiges
- *Siehe auch* Eklektizismus, Ethik, Logik, Geist, Pessimismus
- Phönizien
- Phonetik
- Phonographie
- Lehrbücher
- Arbeitet in der Phonographie
- Fotografie
- Fotografie, Röntgen
- Phrenologie
- Sportunterricht. *Siehe* Gymnastik

- Physische Geographie. *Siehe* Physiographie
- Ärzte. *Siehe* Ärzte
- Physik
- *Siehe auch* Dynamik, Elektrizität, Wärme, Hydrostatik, Licht, Mechanik, Pneumatik, Schall
- Physiognomie
- Physiologie
- *Siehe auch* Anatomie, Biologie, Histologie
- Pianoforte, Das
- Klaviermusik. *Siehe* Musik
- Tauben
- Schweine
- Pilgerväter, Die
- Ortsnamen
- Pflanzen. *Siehe* Botanik
- Plata-Fluss
- Platte
- Platinotypie. *Siehe* Fotografie
- Theaterstücke. *Siehe* Drama
- Installation
- *Siehe auch* Entwässerung, Abwasserentsorgung
- Pneumatik
- Gedichte. Poetische Werke.
- *Für Werke mit diesen allgemeinen Titeln siehe die folgenden Namen (Gedichte mit spezifischen Titeln finden Sie unter diesen Titeln und den Namen der Autoren)*:
- Poesie (Anthologien)
- Dichter und Poesie
- Gifte

- Polen
- Polarregionen. *Siehe* Arktische Regionen
- Polizei
- Politische Wirtschaft
- *Siehe auch* Kapital, Handel, Freihandel, Regierung, Arbeit , Land, Geld, Arme, Bevölkerung, Preise, Eigentum, Steuern, Löhne
- Politik
- Polynesien. *Siehe* Pazifischer Ozean und Inseln
- Polyzoa
- Pompeji
- Teichleben
- Schlechte und schlechte Erleichterung
- *Siehe auch* Renten
- Päpste, Die
- *Siehe auch die Namen der Päpste wie* Pius IX., Leo XIII.
- Bevölkerung
- Port Royal
- Porträts
- Portugal
- Positivismus
- Postamt, Das
- Keramik
- Gebet
- Gebetbuch, Das
- Gebete
- Prediger und Predigten
- Edelmetalle
- Edelsteine
- Prädestination

- *Siehe auch* Calvinismus
- Urmensch. *Siehe* Mann
- Presbyterianer
- Preise
- Priester. *Siehe* Klerus
- Drucken
- Gefängnisse
- Wahrscheinlichkeiten
- Fortschritt
- Projektion
- Aussprache
- Eigentum
- Prophezeiung
- Schutz. *Siehe* Freihandelsfrage
- Protestantismus
- Provence
- Sprichwörter
- Sprichwörter, Buch von
- Psalmen, Die
- Psychologie. *Siehe* Geist
- Faustkampf. *Siehe* Boxen
- Fegefeuer
- Puritaner, Die
- Pyramiden, Die
- Pyrenäen
- Quäker. *Siehe* Freunde, Gesellschaft von
- Mengen (Gebäude)
- Königinnen

- Queensland
- Zitate
- Rennen, Pferd
- Eisenbahnen
- *Siehe auch die Namen der Eisenbahnen, z. B.* Great Northern
- Regen
- Bewertung. *Siehe* Besteuerung
- Rationalismus
- Gegenseitigkeit. *Siehe* Freihandelsfrage
- Rezitationen
- Erholung. *Siehe* Spiele
- Rotes Meer, Das
- Reform
- Reformation, Die
- Religion
- *Siehe auch* Offenbarung
- Religion und Wissenschaft
- Religionen
- *Siehe auch die Namen der Religionen, wie* Christentum, Buddhismus
- Religionsfreiheit
- Religiöses Denken
- Renaissance, Die
- Repoussé. *Siehe* Metallarbeiten
- Darstellung. *Siehe* Parlamentarische Vertretung
- Reptilien
- *Siehe auch* Frösche, Schlangen
- Auferstehung, Die. *Siehe* Christus
- Auferstehung der Toten

- Offenbarung
- Offenbarung, Buch von
- Revolution, Die, 1688
- Rhetorik
- Rhein, Der
- Rhodesien
- *Siehe auch* Mashonaland, Matabeleland
- Reiten
- Ringe
- Ritualismus
- Rituale. *Siehe* Liturgien
- Flüsse
- *Siehe auch die Namen von Flüssen*
- Riviera, Die
- Felsen
- Rocky Mountains
- römischer Katholizismus
- römisches Recht
- Romantik
- Romanzen
- Römer, Brief an die
- Rom, Antike
- Geschichte
- Altertümer
- Verschiedenes
- Rom, Mittelalter und Moderne
- Dächer
- Rosen

- Rumänien
- Rudern. *Siehe* Bootfahren
- Königliche Akademie der Künste
- Königliche Marine. *Siehe* Marine
- Royal Society of London
- Russland
- Geschichte
- Beschreibung und soziales Leben
- Kirchen und religiöses Leben
- Regierung und Politik
- Verschiedenes
- russische Sprache
- Rye House-Grundstück
- Sabbat, Christ. *Siehe* Sonntag
- Sakramente
- *Siehe auch* Taufe, Abendmahl
- Segeln. *Siehe* Bootfahren, Segeln
- Matrosen
- St. Albans
- St. Pauls Kathedrale
- St. Petersburg
- Heilige
- Lachs
- Salz
- Erlösung
- Samoa
- Sandwichinseln
- Hygiene. *Siehe* Entwässerung, Hygiene, Sanitär, Abwasser

- Sanskrit -Sprache
- Sarazenen, Die
- Skandinavien
- Skepsis
- Schulen
- Wissenschaft
- (Nur Allgemeines und Sonstiges)
- Wissenschaft und Religion. *Siehe* Religion und Wissenschaft
- Schottland
- Geschichte
- Beschreibung und soziales Leben
- Sprache, Literatur und Volkskunde
- Verschiedenes
- Schottland, Kirche von
- Schraubenpropeller
- Schriften, Die. *Siehe* Bibel
- Bildhauer
- Skulptur
- Meer, Das
- Algen. *Sehen* Algen
- Robben (Tiere)
- Siegel (persönlich usw.)
- Seemannschaft. *Siehe* Navigation
- Säkularismus
- Semiten, Die
- Sinne, Die
- Grabdenkmäler. *Siehe* Denkmäler
- Predigten

- *Predigtsammlungen verschiedener Autoren finden Sie unter deren Namen. Unter diesen Titeln und Themen finden Sie Predigtbände mit bestimmten Titeln oder zu bestimmten Themen*
- Serbien
- Abwasser
- Shan-Staaten
- Schaf
- Muscheln
- *Siehe auch* Mollusca
- Schiffe und Schifffahrt
- *Siehe auch* Marine, Matrosen, Dampfschiffe
- Schiffswracks
- Kurzschrift
- *Siehe auch* Phonographie
- Siam
- Sibirien
- Sizilien
- Sicht
- Seide
- Silber
- Sünde
- Sinai
- Singen. *Siehe* Musik (Gesang)
- Skaten
- Skizzierung. Zeichnung *sehen*
- Haut, Die
- Sklaverei
- Schlafen
- Rauchen

- Seife
- Sozialismus
- Soziologie
- Böden
- Salomon-Inseln
- Somali-Land
- Singvögel. *Siehe* Vögel
- Lieder und Balladen
- Lieder mit Musik. *Siehe* Musik (Lieder)
- Sudan, Der
- Seele, Die
- Klang
- Südafrika. *Siehe* Afrika, Süden
- South Kensington Museum
- Südsee. *Siehe* Pazifischer Ozean
- Spanien
- Geschichte
- Beschreibung usw.
- Verschiedenes
- Spanische Armada, 1588
- spanische Sprache
- Apropos. *Siehe* Stimme
- Spektrumanalyse
- Rede. *Siehe* Sprechweise, Stimme
- Reden (nur Sammlungen)
- *Reden einzelner Personen finden Sie unter deren Namen*
- Spinnen
- Spinnen

- Spiritualismus
- Sportliche Abenteuer. *Siehe* Jagd
- Sport. *Siehe* Spiele
- Bühne, Die. *Siehe* Drama
- Sterne. *Siehe* Astronomie
- Staatsmänner
- Statik
- Statistiken
- Dampf
- Dampfmaschine
- Dampfschiffe
- Stahl. *Siehe* Eisen und Stahl
- Stein- und Steinmetzarbeiten
- Stämme. *Siehe* Festigkeit von Materialien
- Stratford-upon-Avon
- Stärke
- Materialstärke
- Stuarts, The
- Stil (literarisch)
- Zucker
- Selbstmord
- Sonne, Die
- Sonntag
- Übernatürlich, Das
- *Siehe auch* Geister, Spiritualismus
- Aberglaube
- Nachnamen. *Siehe* Namen
- Surrey

- Vermessung
- *Siehe auch* Gebäude, Mengen
- Sussex
- Schweden
- Swedenborgianismus
- Baden
- Schweiz
- Symbole
- Syrien
- Tischgespräch _
- Schneiderei
- Talmud, Der
- Bräunen
- Taoismus
- Tapisserie
- Tarife
- Tasmanien
- Schmecken. *Sehen* Ästhetik
- Besteuerung
- Präparatoren
- Tee
- Lehren
- *Siehe auch* Bildung
- Technische Erziehung
- Abstinenz. *Siehe* Mäßigkeitsfrage
- Telegrafie
- Telefon, Das
- Teleskopie

- Frage zur Mäßigkeit
- Tempel, Der
- Tennis
- *Siehe auch* Rasentennis
- Texas
- Textilgewebe
- *Siehe auch* Färben, Spinnen, Weben
- Die Themse
- Theater, Das. *Siehe* Schauspieler, Drama
- Theaterstücke, Amateure
- Theismus
- Theologie
- Theosophie
- Thermik . *Siehe* Hitze
- Thibet
- Dreißigjähriger Krieg, Der
- Sparsamkeit
- Tibet. *Siehe* Thibet
- Gezeiten
- Fliesen
- Holz
- Zehnten
- Tabak
- *Siehe auch* Rauchen
- Tonic Sol-Fa. *Siehe* Musik (Gesang)
- Tonquin
- Werkzeuge
- Tower of London

- Städte
- Toxikologie. *Siehe* Gifte
- Handel
- Gewerkschaften
- *Siehe auch* Gilds, Labour
- Transsubstantiation. *Siehe* Abendmahl
- Transvaal, Das
- Bäume
- *Siehe auch* Holz
- Testversionen (nur Sammlungen)
- *Notiz.* — Einzelverfahren werden in der Regel unter dem Namen des *Angeklagten eingetragen*
- Trigonometrie
- Trinitarismus
- Dreifaltigkeit, Die
- Forelle
- Troja
- Tunis
- Truthahn
- Drehen
- Toskana
- Maschinenschreiben
- Ulster
- Verständnis, Das. *Siehe* Geist
- Unitarismus
- Vereinigte Staaten. (*Nach Bedarf unterteilen*)
- Universitäten
- Utilitarismus
- Impfung

- Vasen
- Vatikan, Der
- Vaudois, Die
- Vegetarismus
- Venedig
- Belüftung
- Wirbeltiere
- Gewänder, Kirche
- Veterinärchirurgie
- *Siehe auch* Hunde, Pferde
- Victoria, NSW
- Wien
- Violine, Die
- Violinmusik. *Siehe* Musik
- Vivisektion
- Stimme, Die
- Vulkane
- Reisen und Reisen (Sammlungen allgemein und nur rund um die Welt)
  - Löhne
  - Wales. (*Nach Bedarf unterteilen*)
  - Krieg
  - Warwickshire
  - Washington (Stadt)
  - Wespen
  - Uhren und Uhren
  - Wasser
  - Wasserversorgung
  - Waterloo, Schlacht von

- Reichtum
- Wetter. Siehe *Meteorologie*
- Weberei
- Gewichte und Maße
- Wells
- Wesleyanischer Methodismus
- Westindische Inseln
- Westminster Abbey
- Westminster-Versammlung
- Wale
- Whist
- Wight, Insel
- Werden die
- Testamente
- Winchester
- Winde
- Schloss Windsor
- Wein
- Winter
- Witz und Humor
- Hexerei
- Frau
- Frauenwahlrecht
- Holzschnitzen
- Holzstich. *Siehe* Gravur
- Holzarbeiten
- *Siehe auch* Zimmerei
- Wolle

- Arbeiten. Arbeiterklassen. *Sehen* Arbeit
- Werkstattgeräte
- *Siehe auch* Werkzeuge
- Würmer
- Ringen
- Schreiben
- Segeln
- Yorkshire
- Zoologie
- Allgemein
- Lokal
- Zeitschriften und Gesellschaften
- *Siehe auch* Paläontologie
- Zoophyten
- Zoroastrismus
- Zululand